七尾和晃

「幻の街道」をゆく

発行：東海教育研究所
発売：東海大学出版会

「幻の街道」をゆく

目次

塩硝の道　富山・五箇山―金沢　6
絹の道　八王子―横浜・本牧　38
絹の道―外伝　旧東伏見邦英伯爵別邸（横浜・磯子）　68
海苔の道　諏訪―浜松―大森、蒲田　70

「金の間」「銀の間」の道　大磯―石川・小松　106
「金の間」「銀の間」の道――外伝　142
元寇の道　対馬　厳原―樫根―青海　146
ペリーの道　カリフォルニア州パロアルト―沖縄・国道58号　174

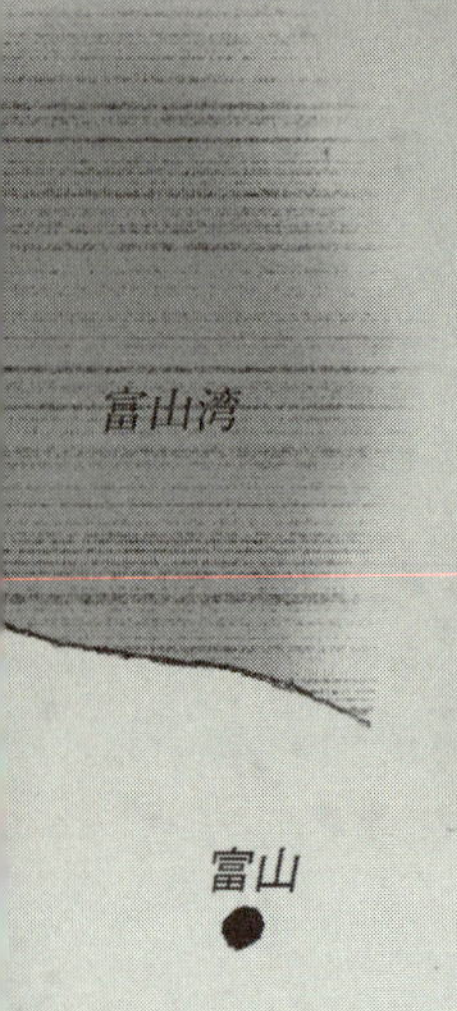

富山・五箇山―金沢

塩硝《えんしょう》の道

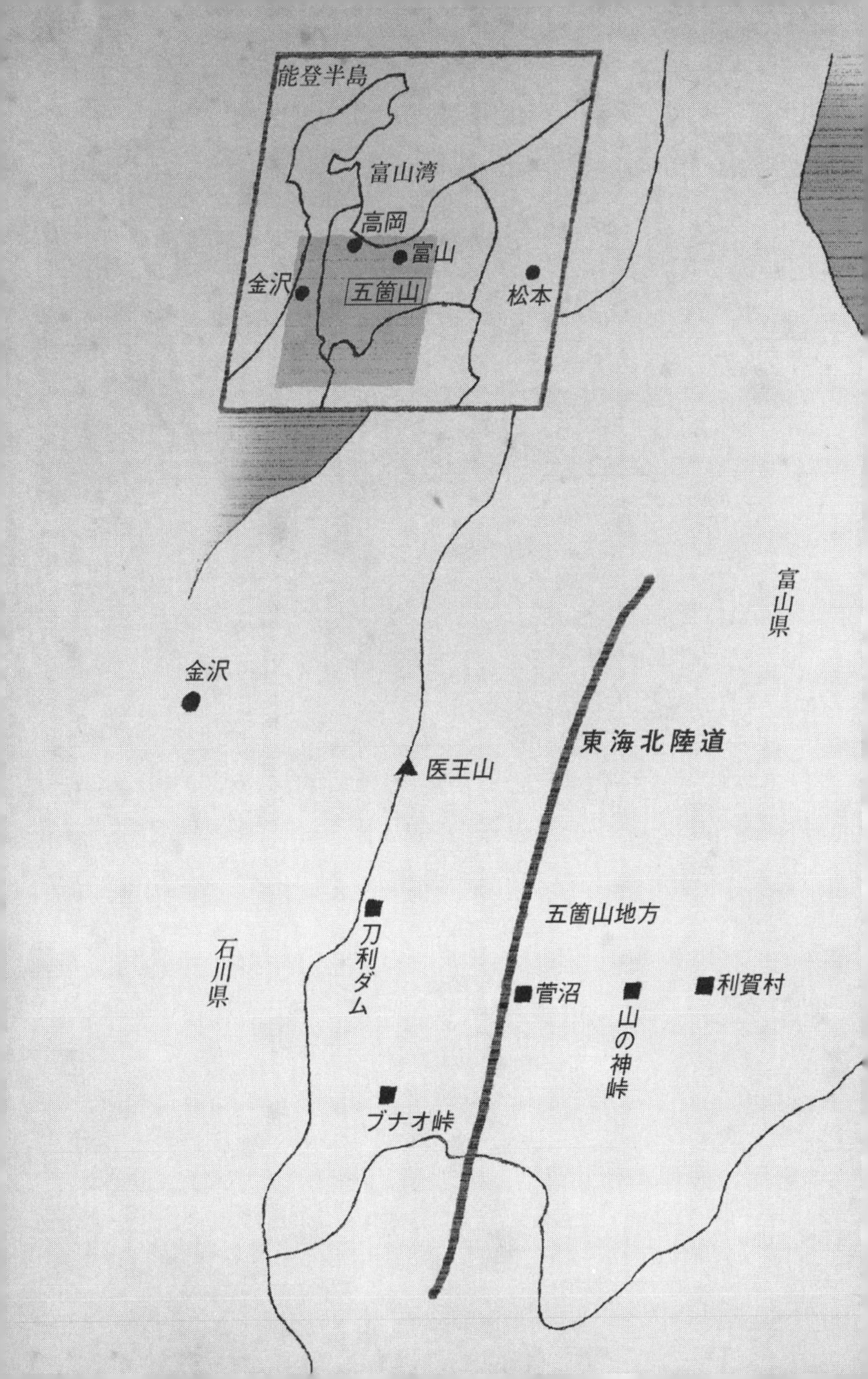

能登半島
富山湾
高岡
富山
金沢
五箇山
松本
富山県
金沢
東海北陸道
医王山
五箇山地方
刀利ダム
石川県
菅沼
山の神峠
利賀村
ブナオ峠

石川県金沢市内の宇野家に伝わる仏壇は、光さえ吸い込んでしまうのではないかと思わせるほど鈍く黒ずんだ木目の中に、ある数奇な運命を忍ばせていた。

北陸では、金箔きらびやかな金沢仏壇をはじめ、漆塗《うるし》りで艶の濃い、豪奢で大型のものが古い家には必ずといっていいほどある。真宗王国とも呼ばれる、信仰の篤い土地ならではだ。

だが、この仏壇は一見しただけで、そうしたきらびやかさとは無縁であることを悟らせ、その扉の内側に護られてきた蓮如《れんにょ》直筆の書のゆえに、村の人々の信仰を担ってきた。

宇野家に伝わるこの〝蓮如の仏壇〟は、かつては金沢市内から二〇キロほど離れた深い谷の村、刀利《とうり》に安置されていた。

刀利の村で、もっとも古い家の一つとして栄えた宇野家は、戦後、ダム建設にともない、新居を金沢市内に求めることになる。この宇野家には、地元の歴史研究者らにとっては垂《すい》涎《ぜん》の的ともいうべき、佐々成政《さっさなりまさ》や前田利家の直筆と伝えられる知行宛行《ちぎょうあてがい》などの文書が残され、保管されている。宇野家が刀利では頭抜けた権威をまとう家柄であったことは、現在も家人の気が向いた折々に仏間に広げられるこうした歴史書の数々からも容易に察することができた。

「前に、お宝鑑定団という番組に出しましたら、すごい値がつきまして」と言いながら、家人は、よいせっとばかりに、ひとかかえほどの段ボールの中から、貴重な文書の数々を無造作に取り出しては見せてくれた。

もちろん圧巻は、ほかでもない蓮如直筆の掛け軸だが、宇野家が刀利から何よりも大切に運んできた、掛け軸を納めた仏壇は、男の背丈を優に超すひときわ大きなものだ。

蓮如が布教のために歩いたとされる北陸一円では、各地に蓮如伝説が残り、しばしば民家から蓮如直筆とされる書が見つかることがある。宇野家がかつてあった刀利にも、蓮如はその足跡を残していた。

北陸に縁の深い蓮如だが、宇野家にはこの蓮如直筆の掛け軸があったため、刀利の村人たちが宇野家の前を通るときには、必ず宇野家の仏壇に納められた蓮如の掛け軸に向かって手を合わせていた。いま蓮如の筆は、すでに黒ずんだ紙の上で、その色を同化させようとしている。

現在でも、刀利の人々が宇野家に集まり、その蓮如直筆の書を前にすると、古い衆は息をひそめ、一同、かたずを呑む。宇野家の仏壇の扉は何よりも刀利の扉であり、同時にそれはいまとなっては古い衆でさえ語る機会のほとんどなくなった、消えた道への扉でもあった。

二〇一一年(平成二三年)、刀利はダム水没による解村を余儀なくされてから五〇年の節目を迎え、刀利の人々は、この宇野家、蓮如の仏壇の前に密やかに集まり、年の瀬を迎えた。

故郷への名残惜しさに、ひと家族、またひと家族と谷を離れていったのち、それこそ最後の最後まで谷に残っていた刀利の老婆は、移り住んだ金沢市内で、いまなお、「やっぱり金沢とは違う。刀利はよかった。人もなんもかんも違う」と、ときおり嘆くようにとも、懐かしむようにともとれる声を発しながら、目を細めるのだった。

刀利の谷を抜ける小矢部《おやべ》川は、戦後も大雨が降るたびに川の流れを変え、集落の人々を苦しめてきた。

山襞《やまひだ》は細かく、深い。ちょっとした雨でもあたかもロートの内を伝うごとくに、刀利谷に下りるときには、勢いすさまじい鉄砲水の流れとなる。

そのために、昭和の時代でさえ、「雨のあとにはまた新しく田を耕してばかり」(古老)の繰り返しなのだ。それは同時に、谷より下流の地域、現在の富山県南砺《なんと》市の平野に下ると、いくたびも洪水を引き起こし、水害の源と恨まれもした。実際、明治以降に、この刀利谷から水害が発生した数は両手に余る。

第二次世界大戦後、刀利を起点とする、水害防止の治水計画が具体化したのは必然の流れであったといえなくもないが、それは同時に、かつて金沢城下への要衝の地であった刀利谷の、「塩硝(火薬)の道」としての〝最期〟を意味してもいた。

蓮如直筆の書が納められた宇野家の仏壇。宇野家に集まる刀利の人々にとって、この仏壇はダムに沈んだ刀利、消えた道への扉ともなっている

ダムの建設着工が決まり、「塩硝の道」の最要衝であったはずの刀利の解村式が行われたのは

一九六一年、昭和三六年のこと。このとき、谷の奥、中、手前と大きく三つに分かれていた集落の合わせて二七戸一八九人が、刀利村の最後の住人となる。

彼らこそが、富山・五箇山《ごかやま》から金沢までの「塩硝の道」を護ってきた最後の子孫ということになるが、その心の中には、いまも「刀利こそが金沢への塩硝の道の要衝やったがに、あんま本なんかにも出てはこんな」という思いがある。

あるいは、地元郷土史家による踏査がなされても、すでにかつての村人そのものが離散しているので、刀利の様子だけは収集するのが難しいといった事情もあるのだろう。

数ある五箇山―金沢の塩硝道の筋のうち、頻繁に利用されたもっとも〝太い〟道が、五箇山から刀利谷の奥に抜ける「ブナオ峠」である。この峠を金沢から目指すには、国道五四号線を目指すのがわかりやすい。山中を走る国道は今日日《きょうび》決して少なくはないが、この道には少々、肝を冷やさせられる。底まで優に数百メートルはあろうかという谷の上、それも、まさに底なしの谷に架けられているというにふさわしい、ダムの堤防の上を走っているからだ。

ダムの堤そのものが橋の代わりとなる以前は、いまは満々と水を貯えたダムの底まで下り、そして谷底のわずかな平地を横切るともなく渡り、向かいの山に入り、あるいは向か

刀利ダム　加賀藩秘匿の“藩命”の歴史もダムの底に沈んだ

いの山から渡った。V字にえぐれたその谷の深さを目の前にすれば、かつてその場所が、「刀」と呼ばれたもう一つのわけが、見るもわかりやすい地形そのものにあったのではないかとさえ思えてくる。はたして、語り継がれるブナオ峠とはどんな場所なのか。刀利の奥へと踏み込む。

刀利ダムの管理事務所の下、岩盤をくり抜いた隧《ずい》道《どう》を抜けて一本道を奥へ奥へと進み、まるで旧日本軍の地下道のような、いっそう古く、また恐ろしげでもある隧道をさらにくぐって先へ進むと、ついにはダムに注ぐ小矢部川の上流の、細い川の流れをまたぐようになる。

このあたりは知られざる天然イワナの生息地だが、刀利ダムを目指してきても、隧道そのものがほとんど目につかないうえに、すでにそこが「クマの巣」といわれるほど熊が多いこともあるためか、釣り人の影はほとんどない。訪れるのは、かつての刀利に住んでいた者か、あるいは近接する金沢のごく限られた釣り人のみである。

　その澄みきった清流の淵に金色のルアーを投げ込むと、四〇センチを超える天然イワナが瞬時に食いつくのには驚かされた。本来、ダムができると、そこから上には魚が上がらないとされているが、ここでは刀利ダムが大きな繁殖池となり、イワナそのものが〝涵養〟されて大きさを増し、ダムに注ぐ清流とを往来しているのだ。

「ダムさし」と呼ばれる三〇センチオーバーのイワナがいくつもの魚影を交わらせる光景は、日本の川に竿を入れたことがある者ならば、間違いなく驚かされるであろう。

　さらに釣り人に嬉しいことをいえば、この刀利ダムは電力会社による管理地のため、地元漁協が入っての放流や管理が行われておらず、遊漁券を必要としない。ダム自体を除けば、完全な自然繁殖なのだ。

　とりわけ雨が降った翌日の増水時には、さらにひと回り以上大きい五〇センチオーバーのダムさしの遡上を促すのだという。かつてこの刀利に住み、ときおり懐かしさとともに車を駆ってこの清流に戻ってくる者には、このイワナ釣りこそ、かつての谷での日々を思

「ダムさし」と呼ばれる30～40センチオーバーのイワナ

い起こさせる何よりも感慨深い故郷の風情だ。

いま、この刀利谷に「道」の痕跡を探すには、前述したダムの管理事務所が張りつくようにしてある岸壁の下をくり抜いて続く、暗い隧道を抜けていかなければならない。

ここをくぐるのは、その先の林道の管理要員や工事車両だけである。

イワナの豊富な清流をいくつかまたぎ、谷の最奥へと分け入っていくと、ブナオ峠へとつながる道がある。それが金沢と五箇山とをつなぐ近道なのだ。

いまは林道となっているその道も、江戸時代末期のルートそのものではないはずだと教えるかつての刀利の者が多いが、そもそもその往来は、それを教える者が生まれるさらに前に終わっており、もはや誰もたしかなことはわからない。

ただこの林道が、明らかに近代、あるいは現代において整備された林道とは異なる趣を持つことは、踏み込めばすぐに悟らされる。

山林を抜けるのではなく、まるで山肌に沿ってとぐろを巻くように、あるいは山肌を縄で巻きつけるようにして登っていくのだ。それは明らかに、林道というよりも、登山道であるといったほうが、歩いている側にもしっくりくる。

このブナオ峠への道は、富山側の五箇山方面からも辿ることができる。そちらも谷は深いが、明らかに刀利谷側のほうが急峻であることはわかる。万に一つも足を踏み外せば、まさしく奈落の底といった場所を、延々と進まなければならない。

現代の林道は基本的に車が抜けられるように整備されているはずだが、その「林道」がこうであるから、おそらくかつてはこれ以上に通りやすい、抜けやすい道はなかったであろうことがうかがえる。

これで吹雪こうものなら、前後左右、さらにはどこが崖っぷちなのかさえ見間違え、一気に転落してしまう。たとえ雪がなくとも、夜ともなれば、その難所ぶりはいっそう増す。しかも谷越えの道であるがために、歩きやすい尾根の上に出ることは決して期待できないのだ。

ブナオ峠の尾根に着けば、いまは大門山への登山口とも重なっていることもあり、ほどよく整備され、車が数台は停めることができるほどには開けている。だが、ここから五箇山の集落まで下るのが、また同様に難儀を極める。

峠の名前ともなっているように、あたりにはブナの木がそこかしこにあるにはあるが、これがふもとまで「四十八曲坂」といわれるほど、くねくねと続くのだ。

もとより山でまっすぐな道など期待すべくもないが、この道を牛と人力で往来したのだだと想像すれば、感慨は深まる。

金沢に近い刀利谷と五箇山とを結ぶこの峠の道が交易路としても重要であったのは、ここが塩硝を運ぶのに利用されたのにとどまらず、金沢と飛騨高山とを結び、太平洋側へと抜ける道でもあったからだった。

それを知れば、金沢城下に入る最後の〝要衝〟としての刀利の意味は、またいっそう重みを増してくる。

いまでこそ、この刀利の谷をまたいで、富山と石川は県を違えているが、江戸時代は、富山は石川と同様、ともに加賀藩の領地だった。

だが、いまはダムの底に沈んだ刀利の集落には、農業や炭焼きの山作業といった他の村々とは変わらぬ日常の中で、加賀藩が秘匿していた、ある〝藩命〟が課せられていた。

加賀藩は、現在の富山県五箇山地方の雪深い集落で「塩硝」――つまり火薬原料を製造していたのだ。本来は「煙硝」と呼ぶところを、あえて「塩」などと煙幕を張った呼ばれ方をしたのは、江戸幕府に知られてはならない、極秘ともいえる藩の任務がもしも発覚した場合に、その白い粒状の火薬原料を「塩」と言い逃れるためであったと教える者もいる。

種子島への鉄砲伝来以来、火薬を必要とする武器が織田信長をはじめとする戦国大名たちに広まりつつあったが、この五箇山地方で生産される「塩硝」と呼ばれる火薬原料は、その質の良さで群を抜いていたといわれる。

五箇山地方、菅沼《すがぬま》の集落で、代々この塩硝づくりを営んでいた家の者は、一説には、その塩硝はある時期には、遠く瀬戸内海に面した岡山方面にまで運ばれたのだと教える。たしかに、それはありえた話だった。

やはり五箇山地方の集落の一つ、利賀《とが》に西勝寺《さいしょうじ》がある。一五世紀半ばに建立されたとされるその寺は、のちに織田信長と本願寺派率いる一向宗との戦いでも最大のものとされる「石山合戦」でその名をとどろかせることになる。合戦の折、五箇山界隈の塩硝は西勝寺に集められ、そこは一大火薬庫となり、集められた塩硝は遠く、本願寺まで運び出されていったのだ。

塩硝を詰めた箱を牛の背に左右にくくり、その角に松明《たいまつ》をゆわき、昼も夜もなく山の道を行ったと伝えられるが、そこは当時の「山道」である。かすかな轍《わだち》など、夏になれば下草が生い茂って野に還り、さらには北陸でもとりわけ雪深い五箇山の村々は、冬のあいだは「限界集落」どころか完全な「孤立集落」となる。林間だろうが、尾根道だろうが、背丈をはるかにしのぐ、白銀の迷宮さながらの光景に包まれた。

ある大正生まれの古老は、「だから、道に迷わんように、尾根のいちばん上には杉の木を植えている。わしらも、いまでも山に入るときは、杉の大木を目安に歩くんや。それでも行き倒れやのうて、みんなよう、雪倒れたわな」と言う。

昭和に入ってでさえ、それほど難儀な往来を余儀なくされる〝道〟であった。

いま地元では、整備の進んだ林道に沿って目星をつけ、かつての「塩硝の道」を甦らせ、定着させようという試みもある。富山県、石川県双方から、ときおり有志らが山に分け入り、かつての道を踏査しようという情熱の灯はむしろ強まっている。

信長と一向宗の石山合戦の際、一大火薬庫となった西勝寺

しかし、その小さな情熱の行く手を阻むのは、加賀藩の〝事業〟でありながら、秘中の秘とされたがゆえの文献史料の際立った少なさだ。藩の古文書にも、塩硝づくりの概要や生産規模、さらにその管理といったものについての記述がほとんどないのだ。

加賀藩の一大生産拠点であった五箇山が、現在は行政区分上、富山県に当たるため、五箇山の生産集落の家々に伝わる主要な古文書のほとんどは、富山市内の富山県公文書館に納められている。

そこに、わずかばかりの量の、加賀藩との書状類が保存されているが、そのどれをめくっても加賀藩の極秘事業の全容をうかがい知るにはほど遠い。

ただ、ここに納められた書状類は、加賀藩によって各集落での生産を統轄し、また金沢城下まで運び出すための、いまでいう監督管理を担わされていた当時の有力家のものである。

塩硝づくりは明治維新の掛け声とともに終わりを告げるが、ある時期以降、加賀藩との直接の通信をも担ったこうした有力家は、「塩硝総代」とも「肝煎《きもい》り」とも呼ばれ、集落の中でも特異にして、圧倒的な地位を誇ったものとされた。

そうした書状に残された名前を頼りにそれぞれの集落を訪ねてみれば、有力家だけにその子々孫々はなおもそこに名残をとどめている者も少なくない。そして、そこには小さな〝驚き〟が隠されている。

五箇山の集落のほとんどでは、家々は谷間のわずかな平地にまるで避難しているかのように密集しているのが普通だが、集落でも飛び抜けて地位の高い総代の多くは、そうした集落の中にではなく、むしろ集落の外れ、ときには川一つ隔てた向こうにひときわ大きな居を構えているのだ。

たとえば五箇山・菅沼の集落での総代の一つ、羽場《はば》家がある。この小さな合掌造りの集

塩硝の里へと通じる刀利谷、小矢部川上流

落には、大型観光バスが駐車場に入るたびに、間歇泉のように人が一気に湧くのだが、この集落のどこを探しても一帯の塩硝総代だった羽場家はない。

集落の中には、かの時代に盛んだった塩硝づくりの歴史を伝える史料館が残されているが、ここは別途に料金を取るためか、多くの観光客は軒をくぐって別料金だと知るや、あらっと笑いながら踵《きびす》を返して表へと出ていく。

多くの者にとっていまの時代、物珍しい合掌造りの屋根に関心が向かうのも無理はない。だがしかし、床の板一枚をめくったその下では、密やかな火薬づくりが行われていたと知れば、その合掌家屋は、それぞれが火薬蔵であるようにも見え、また、かの時代においては「兵器用のウラン濃縮」にも匹敵するたいへんな戦略現場であった気配さえ漂ってくる。冬に限らず、平時から他の地域との往来さえままならない「孤立」した集落であればこそ、その地は加賀藩の密命を帯びるのに

五箇山の集落　中世から近世にかけ、床の板をめくったその下で密かに火薬原料が製造されていた

適任であったのかもしれない。

だが、この場所で代々、総代を担ってきた羽場家は、いわばこうした特殊な戦略拠点の監督管理を加賀藩から任せられていたにもかかわらず、その居地が現場の中にない。それはいったい、どういうわけだろうか。

集落に架かる一本の橋を渡り、向かいの山の斜面を行くと、その理由はわかる。

羽場家のひときわ大きな合掌造りは、ぽつねんと、まさに孤立して、集落から外れたそこにあるのだ。

その巨大な合掌造りの正面が、冬に斜面が雪崩《なだ》れてしまえば埋まってしまう危険もあろう山側を向いているのを見て、もしやと思えば、やはり羽場家の前を通る県道の脇には、林道入口が草木に紛れて小さく、斜面に口を開けていた。

羽場家が紛れもなく集落の有力者であったことは、近代に入ってのち、代々、村長を輩出していることでもわかった。林道入口の脇には、その功績を讃える、羽場家出身の村長の胸像が大きな台座の上に据え置かれている。それはあたかも人通らぬ道に不思議な睨《にら》みを利かせているかのようにさえ見える。

現代風のサッシに替えられた合掌造りの戸を開き、奥へと声を張れば、一人の老婆が現れた。

観光客など来ないこんなところまで珍しいことが、と驚く老婆に、富山県の公文書館に残る文書以外は何も残っていないだろうかと尋ねると、「全部、県に渡してもうた。塩硝を入れた箱ならあるがやけど、ふつうの箱でなんも変わったとこはない箱やがや」と言う。

牛の背に、あるいは人の背におぶわせる塩硝箱は、たしかに大中の木箱であり、それが朱色に塗られていたりと、外からの眺めと大きさに多少の違いこそあれ、内部が独特のものであったというわけではなかった。塩硝はあくまでも火薬原料であり、さらにそこに黒色火薬などを混ぜて加工しなければ、それそのもので大きな爆発の恐れなどはなかったために、細かく仕切るなどの構造は必要ではなかったのかもしれない。現在も金沢市内では、探せばいくつかは当時の塩硝箱と称するものが残されているが、それはいずれも、小さなつづら箱といった趣のものである。

ところで、と老婆に気になっていたことを尋ねてみる。

「こちらは代々、塩硝づくりの総代さんということですが、この場所はずっとこちらにあったのでしょうか」

老婆が答える。その背中越し、奥には集落の合掌造り家屋とは桁の違う長さの板張りの床が広がり、外目に見た大きさが間違っていないことがうかがえた。

「ほや。うちは代々ここやわ。ずーっとここやわ」

「そうですか。いま、こちらの向かいの道で、こちらの方の胸像を拝見したのですが、代々、村長さんも出されておられたとかで」

「ほや。うちは代々、村長やっとったわ」

富山県公文書館にある「羽場家文書」で知ったことを確認する、淡泊とも思えるやりとりがしばらく続いたのち、どうしても聞きたかった話を切り出した。

「ところで、一つ疑問に思っておることがあるんです。こちらは菅沼の集落からはちょっと外れておりますよね。川も挟んで、一つの集落内にあるとはむしろ呼べないような場所にありますよね。これが加賀藩の時代からだったとすると、少々、集落としては奇異にも感じるんです……」

羽場家だけでなく、各集落の塩硝づくりの有力家は、ほとんどが五箇山の集落の「集落内」からは外れた場所にある。そしてその家の脇を抜け、裏手から山へと登る道が通っていることが多い。

つまり、かつての総代家跡を訪れてみれば、そこがあたかも「関所」のような場所ではなかったかということに想像がいく。

実際、羽場家の向かいには林道の起点があり、それは県をまたぎ、金沢までつながる「道」である。羽場家の合掌造りの高い屋根が、あたかもその金沢への道を睥睨《へいげい》するかのようにそびえるのは、その往来を監視するための役目をも担っていたからではなかったか。

もしやとは思いますが、と老婆に心当たりを尋ねると、こう答えた。

「関所か、そんなこともあったかもしれんね。とにかく、菅沼の集落から金沢に抜けようとすると、向かいの道を上がって山を越えるのがいちばん近いがや。うちにも、塩硝づくりをしとったころは、五〇人近くが住み込んでおったがや。なかには藩から来た人もおったようやと聞いとるがやけど」

石川県立歴史博物館でこうした塩硝の道を研究する学芸員に尋ねても、藩の役人がどのようなかたちでどれだけの期間、実際に塩硝づくりをしていた五箇山の集落に滞在していたのかについては、公式に記された史料は見当たらないのだという。

だが世界遺産となり、観光客向けの言葉を豊富に持つようになった五箇山の集落だが、その顔を一度ならず、毎日拝しているうちに、「うちにはこんな言い伝えが……」と教えてくれる者も現れた。

「うちもやっぱり塩硝づくりはしていたのですが、総代ではなかったです。下のほうで。総代さんの家は、どういうわけだか、代々ずっと総代で、新たに総代になるとかいうことはなかったはずです」

集落の人々の説明や、あるいは総代家の主の話では、もともと百姓にも有力な百姓がいて、そこが総代をやるようになったと伝える者も多いが、谷間の立地ゆえに、もとより農業がほとんど主力産業としては機能していなかったはずの五箇山の集落村々に限っては、当てはまらないようにも感じる。

むしろ、塩硝づくりの総代家がこぞって集落の外れ、山越えの道の入口にあってきたことに鑑みれば、加賀藩から塩硝総代に任ぜられた家々がその集落の「圧倒的有力者」として浸透し、認定されていったと考えるほうが自然でもあろう。

合掌造りの屋根の下、さらにその床板の下の土間を掘って、長ければ四年から五年かけて行われる塩硝の生産は、その年の生産分はまず総代家に集められ、その総代家が加賀藩との買い上げ価格の交渉を一手に行うというのが、大筋での集荷・流通体制となる。

ゆえに「総代」はその集落の塩硝づくりの、いわば「元締め」といえるわけだが、この総代家そのものが、集落の者からすれば謎めいた存在であった。

関所なくして関所のような体をなし、農業なくして百姓の体をなす——この「総代」について、密やかな声で、その実態を教える者がいた。

「うちで言い伝えられているのは、あっちのうちに、最近、見知らぬ者が来てどうも住みついているらしいとか、だんだん、そういう話が漏れ伝わってはきたようです」

むろん、いまとなっては推測の域を出ないが、総代の家には、加賀藩からの目付役に等しい役人が派遣されていたのだとも考えられよう。

総代家が、いずれも集落の外れや外にある理由が、集落から出ていく者、あるいは入ってくる者を監視していたのだとすれば、その立地にも納得がいく。

五箇山・菅沼集落の外れ、"総代"羽場家の前の道は金沢へと通じ、集落への出入口にもあたる

ともかくも、五箇山の各所の集落から金沢城下へとつながる多くの道々があった中、どうしてもまたがねばならないのが、冒頭で述べた、

いまはダムの底に沈んだ刀利の谷であり、その集落だった。

ここから医王山《いおうぜん》の脇を抜けて金沢市内へと下る道は現在でも決して十分に整備されているとはいえず、それはともすれば、群馬と長野の県境にある難所の碓氷峠《うすい》にも匹敵するほど、谷は深く道は険しい。

舗装こそされてはいるが、それはS字と呼ぶのも悠長に感じさせるほどきつく、ループが幾重にも重なっているかのような錯覚さえ起こさせる道である。そして、決まって朝と夕には、谷底から大きな霧が上がってきたかと思うと、道路の高さまでくると、湖面を渡る谷の風の気分次第で、あっというまにあたり一面を包み込み、まるでそれは雲海の中に閉じ込められたかのようでさえある。

今日日、どこまでもコンクリートの舗装が続き、日本の国土で秘境と呼ぶべき場所などもはや失せてしまって久しいが、かつて五箇山からの道なき道は、まさにこの残された秘境とも呼べる刀利谷の奥に幾筋も下りていた。

もはや林道としてさえ残されていない道なき道を、塩硝箱を背負った牛や人が、冬の到来を前に、急かされるかのように下りてきては、刀利の集落をまたいでいく――。

塩硝にも収穫の時期があった。秋の初めに床板を外し、その年にできあがっている塩硝を取り出し、蒸留したあと、冬の前に金沢へと運ばなければならないのだ。

いまは金沢市内にある宇野家こそは、その塩硝の道を金沢城下町へつなぐ最後の要衝、刀利での「肝煎り」であり、「総代」の直系であり、そして、やはり集落の家々から離れた場所に居を構えていたのだ。そこはダム湖畔、「解村の碑」が建つ場所のわずか下あたりであったと伝えられ、金沢へと抜ける道のすぐ傍らにあった。これまた「関所」よろしく、集落からは離れた場所に一つ、あったのだ。

宇野家のあった場所が、かつての刀利谷の集落のもっとも〝下流〟といっていいだろう。この宇野家が刀利谷の玄関口とすれば、そのもっとも奥座敷の山々の襞が、五箇山へとつながる道となり、そして現在まで語り継がれ、歩き継がれる一つがブナオ峠ということになる。

だが、このブナオ峠を越える前に、五箇山のさらに奥からブナオ峠に至る、もう一つの峠があった。

先にあげた織田勢と本願寺との戦いに際し、五箇山一帯の火薬庫として機能した西勝寺を擁する利賀の村から金沢に抜けるには、山の神峠を通らなくてはならない。

山の神峠は、現在でこそ山の中腹を貫通したトンネルによって、車であればものの一〇分とかからずに通り抜けてしまうが、いわゆる旧道に当たる山の神峠は、このトンネルの双方の出口脇から側道のようにして通ることができる。

山の神峠旧道　五箇山の火薬庫、西勝寺から金沢へ抜ける道の難所

かつては山の神峠を越えなければ、利賀からブナオ峠、そして金沢へは抜けることが容易ではなかった。とはいうものの、山の神峠もまた、刀利谷とは違った難所である。こちらは山肌、山襞を這うように上がっていくのではなく、むしろ尾根道に近く、山林の中を進んでいくのだが、風が強く吹きつける。晴れている日には岐阜方面の眺望もよく、山脈とまではいかないが、幾重にも重なる峰々が遠くまで見渡せるので、気分は悪くない。

ここもあたりはブナオ峠同様に、ブナ林が多いが、ブナオ峠よりも開けた場所が多いために、風や吹雪のときは苦しいに違いない。冬場はやはり、越えるのに生死のかかる場所であったというのも想像に難くない。

昭和の初めごろまでは幾人も命を落としたと利賀の集落では伝わるように、最近まで、それを祀《まつ》るためか、地蔵が置かれていた。

見通しはよくとも、刀利谷よりもある意味で〝深い〟場所であることを悟らせるのは、山の神峠に踏み込むとまもなく、携帯電話の電波が届かなくなることからもわかる。

今日、山の遭難救助でさえ携帯電話で呼ぶ時代にあって、携帯電話の電波が届かないのも、不安になる一方で、どこかホッとさせられるところもあろう。群馬、長野、新潟の県境に続き、ここ山の神峠もまた携帯電話が不通になる、いまなお孤独な道である。

山の神峠の下をくぐる新山の神トンネルは対面通行ができる、いまは立派な国道となっているが、山の神峠を利賀側に下りた旧道そばに住む古老によれば、トンネルを通すのに、「向こう（平村《たいら》）が協力しない、カネ出さない。我々には必要ないから、と」でたいへんな苦労があったと言う。

一時期、村会議員も務めたというこの古老は、草を刈る手を休めながら、どっかりと地べたに座り込み、「そういえば、山の神峠とはいうが、山の神の神社があるわけでもなし、どないしてそう呼ぶようになったのかは知らん」と言う。

日本各地にある「山の神」信仰は、土地の信仰そのものに根ざした「山の神さま」と、愛媛県の大山祇《おおやまづみ》神社を発祥として、鉱山の採鉱現場を伝って伝播した「山の神」とに分かれる場合が多い。

五箇山の集落一帯を歩いた限りでも、しかし、「山の神」と名残ある場所にはあるはずの「山の神神社」は見当たらない。炭鉱が盛んだった九州でも、至るところに山の神と名のつく名残はあり、たいていの場合、近くには祠《ほこら》が祀ってあることが多い。だが、第二次大戦後、エネルギー革命による業態転換によって、こうした「山の神」も一つ、また一つとその地を去り、場合によっては近くに古くからある氏神の境内の傍らにひっそりとかたちばかり神体を寄せていることが少なくない。

しかし、五箇山の集落の境内には、いずれもこうした痕跡は見当たらない。

それでは、鉱山の痕跡はどうかといえば、これは五箇山の谷を貫く庄川、そして利賀川の上流に、古来からいくつも試掘が繰り返された痕跡が残されている。落盤事故から身を護るためだけではなく、まさに鉱脈に当たることを欲する山掘り作業においては、必ずといっていいほど、いずれかの段階で「山の神」を据えることになる。

それは、まさにヤマを当てるために、山から山を渡る山師や採掘労働者たちによる、いわば外から持ち込まれる「山の神」であり、土着の農村信仰の枠内で育まれてきた「山の神さま」とは、同じ呼び名にして、大きくその性質を異にするものともいえた。

利賀から平村に抜ける山の神峠の由来は、はたしてこのどちらだろうかと尋ねても、利賀の村の者でそれを定かに口にできる者はいまはもういないようだった。

蓮如、そして浄土真宗への信仰が篤いこの地では、氏神以外の外来の神である「山の神」の痕跡は、この峠に残されたものを除けば、ほとんど皆無に等しい。

しかし、山襞をえぐる試掘の跡がないかと尋ねると、国道を、人里離れた奥へ奥へと赤い原付バイクを駆る日本郵便の配達員が、それらしきものが川のさらに上へと行けばあると教えるのだ。

集落は、川筋に沿ってつくられるからこそ、平地に近づくにつれて集落と集落の距離は離れ、峠をまたぐその道のりも離れていってしまう。だが、山襞はいずれ山頂で一つになるように、いずれの川も上流は、それ自体で混然一体となった「森」を形成するはずでもあった。

刀利谷、利賀谷、そして五箇山の者が共通して、「奥にはヤマがあった」と言うそれは、岐阜との県境により近い、金山谷《かなやまだん》を指していた。

この金山谷の採掘跡までは、刀利谷、そして利賀谷ともに車で行き、そこからはもっぱら徒歩による、ほ

山の神峠への道　携帯が不通になる孤独の道

とんど道なき道を行くことになる。

だが刀利村にいた古老らによれば、金山谷には、そうした山掘りの人々が集まって暮らしていたマチがあったという。

その記憶とて、すでに齢《よわい》九〇に達している者にして薄れかけているのだが、そうした奥のマチに集まっている人々は、はたしてどこから来たのか、やはりずいぶんと生活は派手で、明らかに村の衆とは気質が異なっていたという。

そして、その影響ゆえに、とも言う。

「同じ刀利でも、奥のほうが、やっぱりやることが派手でしたよ」と。

谷間とはいえ、直線距離にして最大でも五キロあるかないかの範囲だが、その山奥にひそむ鉱山マチに近い集落では、間違いなくその影響を受けていたのだという。

そんなエピソードも踏まえてみれば、「塩硝の道」は、当然のことながら、山師たちが歩いた道であり、ヤマからヤマへと渡り歩く鉱山労働者たちの道でもあったことになる。


かつてフィリピンから渡ってきたイエズス会の伝道師は、江戸幕府のキリスト教禁制以降、迫害を受けて、長崎から裏日本といわれた日本海側のヤマからヤマへと渡り歩いたキリスト教徒を救うために、やはりヤマからヤマへと伝ったとされている。

島根の石見《いわみ》銀山跡から秋田まで、日本海側の鉱山跡には、キリスト教伝道師とその信者たちの痕跡がところどころに残っている。

また、鉱山技術が幕府の財政に寄与すると認められたこともあって、かつて鉱山で働く者だけは、江戸幕府から武士に準ずる資格を与えられ、藩をまたいでの往来が例外的に認められてもいた。

ヤマからヤマへ、山を往来する者たちもまた、この「塩硝の道」を往来していても不思議はない。

そもそも、この山深い地に火薬原料となる塩硝づくりの技術をもたらしたのは誰かという疑問が湧く。これもまた、決着のつかない歴史のロマンの中に霧消する疑問には違いないが、菅沼の古い住民は、こう教える。

「もともと、肥えだめの周りの土に塩のようなものがいっぱいついていて、それを最初はつまんで丸めているうちに熱をもってきて、それがだんだん、イノシシやなんかの獣に投げて狩猟に使うようになったともいわれてますが……」

鉄砲が伝来しながらも、日本では火薬のもととなる硝石が採掘できず、火薬原料は決定的に不足していた。硝酸が屎尿《しにょう》に含まれるアンモニアなどを必要とするために、肥えだめの周りに結晶化していたのを古えの人々が気づいていたのはありうる話だが、これを火薬原料として蒸留するなど、いわば工業化するためには、技能と技術が大きく飛躍しなければならない。

　肥えだめの周りの結晶を丸めていたことをきっかけに、大量生産して、藩に納めるほどの工業技術を自然の時間の中で獲得したことも十分考えられよう。だがむしろ、キリスト教禁制直前まで、江戸幕府でさえ、イエズス会の伝道師を「山師」として、伊豆の金銀山への視察を要請していたことなどに鑑みても、化学技術の伝道師でもあったキリスト教宣教師たちの関与や、あるいはそこから汲まれた技術がもたらされたと想像すれば、歴史のロマンはいっそう深まりもしよう。

　この、五箇山の隠れた里を、日本でもっとも良質とされた塩硝の一大生産拠点とした加賀藩の前田利家は、バテレン大名であった高山右近などを匿《かくま》い、手厚く遇してキリスト教にも理解を見せていたことは知られている。

「塩硝の道」は、いまなお謎の道である。

絹の道（八王子周辺）

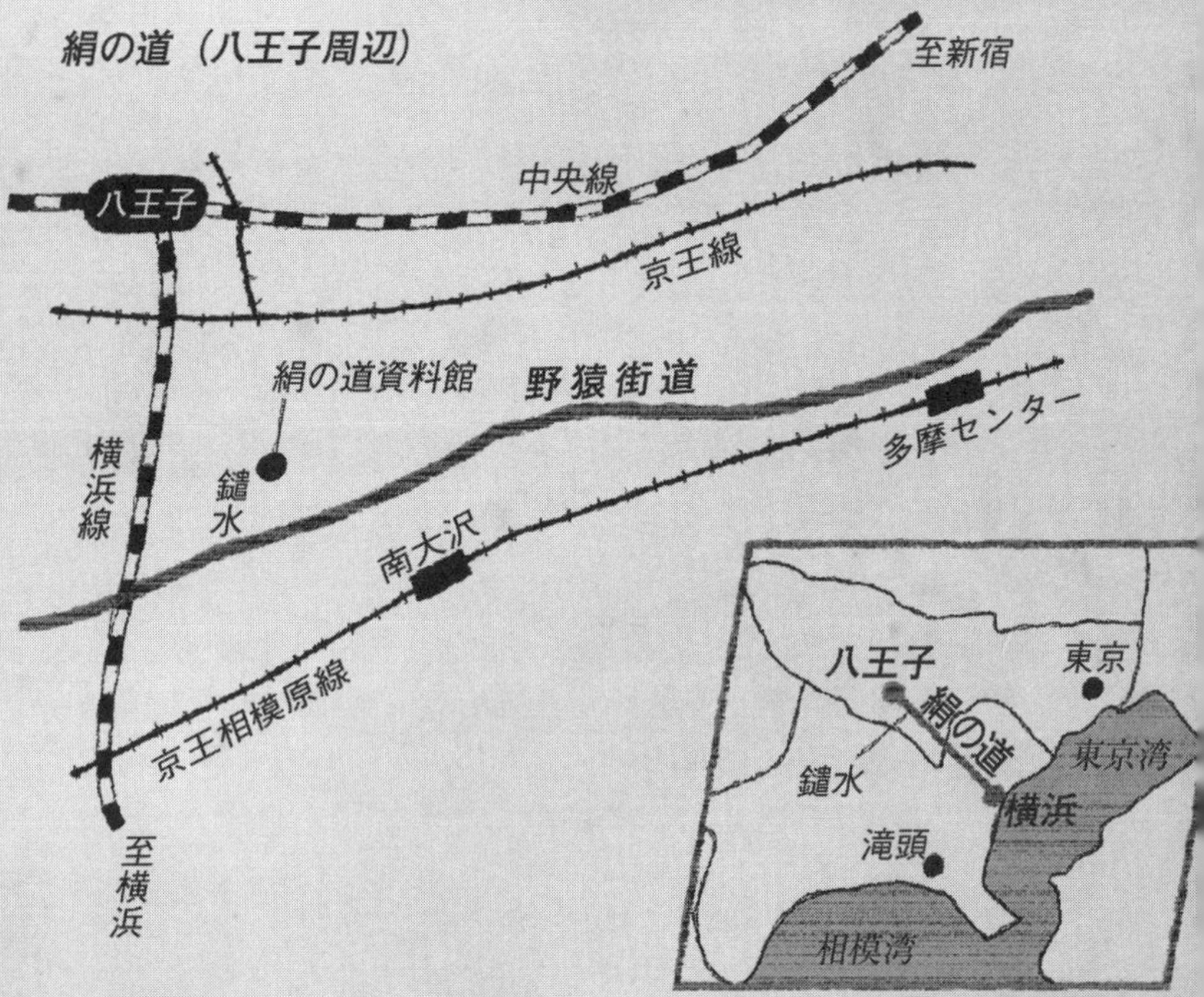

至新宿
中央線
八王子
京王線
絹の道資料館
野猿街道
多摩センター
鑓水
横浜線
南大沢
京王相模原線
至横浜
八王子
東京
絹の道
東京湾
鑓水
横浜
滝頭
相模湾

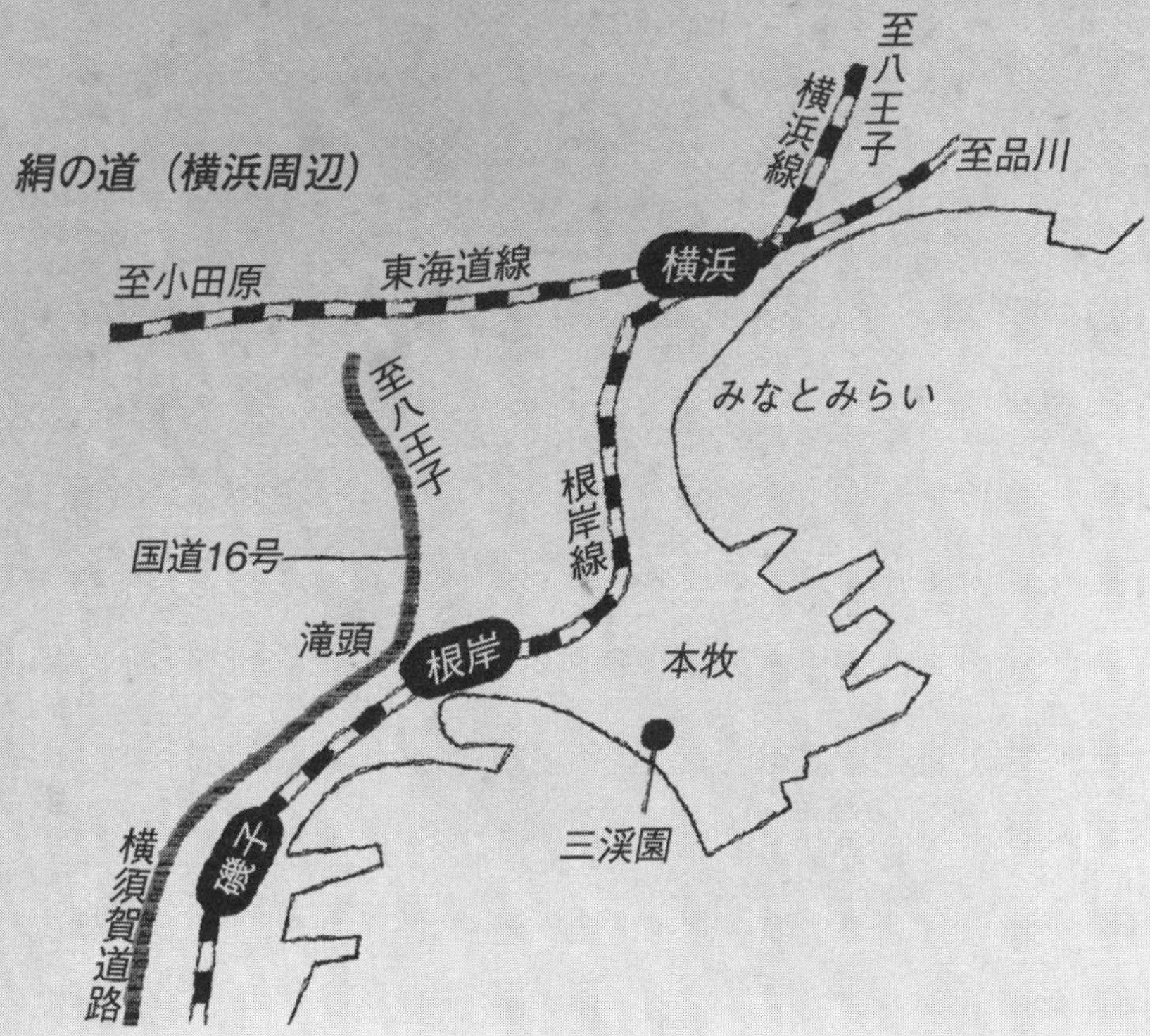
絹の道（横浜周辺）
至八王子
横浜線
至品川
至小田原
東海道線
横浜
至八王子
みなとみらい
根岸線
国道16号
滝頭
根岸
本牧
三渓園
磯子
横須賀道路

八王子—横浜・本牧

絹の道

希有な才能を持つ二人の歌姫が一つの道から生まれたのは、本当に偶然だろうか。

その思いは、道がまとった歴史と変遷をひもとけば、よりいっそう強くなった。彼女たちが世に出た時期にはズレがあるが、美空ひばり、松任谷《まつとうや》由美のどちらも、昭和の時代を代表する歌い手であることは間違いない。二人はともに、「絹の道」の始点であり終点でもある場所に生まれ落ち、育った。

「日本のシルクロード」と呼ばれた東京・八王子と神奈川・横浜とをつなぐ「絹の道」はいま、一九七〇年代からの住宅開発によって各所が分断し、あるいは道程そのものを喪失しているゆえ、最後の名残には、かつての往来同様、脚でのみ到達できる。

江戸時代の密貿易に遡る、一獲千金を夢見た絹商人たちの野望と熱気の、冷めやらぬ余熱ともいうべきものが、賑わい消えゆく道から、戦後、二人の歌姫を世に送り出した。そう考えたとき、「絹の道」が孕《はら》んだ、多くの人々の情念の篤さを思い知らされる。

八王子—横浜・本牧
絹の道

八王子の京王線南大沢駅を降りれば、そこはディズニーランドといえばむろん大げさにすぎるが、駅から直結した現代人の〝夢の国〟、アウトレットパークと称する巨大なショッピングモールが待ち受ける。「絹の道」の痕跡は、その狂騒の奥に息をひそめている。

右へ上がる道が八王子側の「絹の道」の入口

駅から人の流れに身を委ねれば、方向を知らずとも、このアウトレットパークに吸い込まれていく。そこかしこに乳母車を押す若い主婦の群れが往来し、ときおり申し合わせたように広場らしき場所に集合しては、乳母車を突き合わせて、再び四方に散っていく。なるほど、よくできている。子供向けのちょっとした遊戯器具を置いた広場を取り囲むようにして、有名メーカーの店舗は入口を向け、配置されているのだ。

ほどなく、その乳母車が、おそらく手を離せばバランスを失い倒れるのではないかと思うほどの大きな買い物袋を提げ、再び広場に戻ってくる。

かつてこの地域一帯に離合集散した生糸の束を背負った商人たちの面影は、ブランド品の袋を山のように抱えた、子連れの若い女性たちに取って代わっていた。

鑓水《やりみず》へは、生糸ならぬブランドに狂奔する人々の波間を縫うように抜けていくのが早い。異様な熱気を帯びたそこを抜けると、人けはあるものの、どこか冷たい静寂さが漂う営団住宅の棟々が、丘陵地帯に高低の色彩を放ちながら、美しく建ち並んでいる。

そのどれもが、決して古い都営住宅のような軒の揃った等質感とは違う、少しばかりの新しさと色合いをまとっている。その考えられた意匠が、そこがあくまでも〝つくられた住宅パーク〟であることを感じさせる。

人工の街ゆえか、道は広く、歩きやすい。その住宅パークに入れば、今度は一転して、人の流れとはひたすら逆へと向かうことになる。南大沢駅へと足早に向かう彼らとは、対面になるのだ。

すっかりおしゃれな雰囲気をまとった、美化の行き届いたこの丘は、おそらくどの斜面を下っても一本の川の流れに突き当たる。かつては違ったのだろうが、その川は野趣溢れるものではなく、淵をコンクリートの擁壁に挟まれた、雨水を流し込み、またかつては生活排水も流れ込んでいたであろう、いまとなっては氾濫対策の施された痩せた川である。

その川を渡ると、鑓水の丘に当たり着く。

鑓水という地名は、土地の特性を率直に表現している。ひとたび雨が降れば、それこそ四方の丘から、ヤリのように雨水が駆け下りたといわれる場所に、小さな集落はあった。

鑓水には現在、市によって整備された「絹の道資料館」がある。小さめのデイパックを背負ったハイキング客が感慨深げに展示パネルに食い入る影が館内に落ちるが、その数は多くない。

資料館が建つ場所もかつての鑓水商人の屋敷跡で、そこには海外から生糸を買いつけにきた商人を迎えるための異人館もあった。幕末に日本を訪問した、英国の外交官、アーネスト・サトウも立ち寄ったと知れば、なにやらあたりの景色も曰くありげに見えてくる。

天気に恵まれれば気持ちのいいハイキングにもなるかもしれない

異人館と聞けば、とたんに神戸さながらの艶やかで垢ぬけた香りを想像もしようが、しかし、このかつての異人館こそが、生糸で財を成した鑓水商人と「絹の道」の象徴的な場所だともいえる。いま、あたり一面に決して豊かとはいえない平板な田園風景だけが広がり、絹商人の痕跡は見る影もないが、それもまた、明治の殖産興業の国策化によってどれだけ一気にその「道」が興隆し、戦後、「道」そのものの息の根が止められたか、その栄枯盛衰の激しさを象徴してもいよう。

異人館跡前の道を五〇メートルも山へ進むと、突如、右に上がっていく道がある。道の分かれには石地蔵、その上に重たそうな椿が咲いている。これに向き合い、右の道が、かつての「絹の道」の面影をいまに残す唯一ともいえる道である。その先、上がりきった場所にはかつて生糸運搬の往来に疲れた商人たちが歩みを止めてしばし休んだ道了堂というお堂の跡があるはずだった。

そこはいまは、鑓水でも随一の力を誇った商家、大塚家に由来するのか、大塚山公園という名がつけられている。

その小道に分け入ってすぐ、いかに鑓水が農業には適さない、痩せた土地であったかを思い知ることになる。道の真ん中には、ちょろりちょろりと音さえ立たないが、しかし、たしかな水の流れがある。おそらくこの筋もかつては水の道であったのが、人の道になったのかもしれない。

それが証拠とも思えるが、この「絹の道」は、人の轍《わだち》が道となったにしては、あまりに左右の土から低いところにある。それこそ、ヤリ水によって削られたといったほうがいいかにもふさわしく、納得がいく。

ちょっとした崖の谷底を歩いているかのような雰囲気だが、左右は当然、土の層が剝き出しになっていて、赤い色合いから、土は関東ローム層の火山灰であることは一見して了解できる。

いかにも水はけの悪い、農業には適さない場所であった。鑓水の人々はかつてこのあたり一帯を桑畑として開墾したというが、厚いローム層に覆われていては、おそらくほかの手はなかった。

その「絹の道」の、ぬかるんだ地面をひたすら筋沿いに上がっていけば、なんとも場違いに映る杭が立ち現れ、ほどなくその正体を現す。

この丘の右手一帯は西武鉄道の所有であるという。その所有地として立入禁止を掲げた看板が、この歴史の道にはそぐわぬ異彩を放っているが、しかしいま、この小路を特徴づけるものといえば、ところどころに露出する赤土と、そして沢のようなひと筋の流れ、そして西武鉄道のおどろおどろしい立て看板といったところに集約されてしまう。

先ほどまでいたデイパックを背負った一行も、探訪は史料館がゴールであったのか、小路を往来する影は前にも後ろにも一つとしてない。

小路に入って二〇分ほども歩くと、いきなり開け、石段が登場する。

西武鉄道の看板が至るところに立つ

道了堂の跡であり、ここが「絹の道」の往来の通過点であることを記す石碑がある。

跡であるゆえに、お堂そのものは残っていないが、間違いなくここを鑓水商人が往来したのだ。ずいぶんと木々が深く、陽が当たらずにいくぶん湿った石段に腰を下ろし往時の光景を辿ろうとポケットに忍ばせておいた『呪われたシルク・ロード』をひもとく。そこには辺見じゅんがかつて聞き取った、往時を偲ばせる次のようなエピソードが紹介されている。

「生糸の買込みには番頭を群馬、長野、山梨、福島にまで派遣してますね。買ってきた生糸を蔵へ置いて相場があがると馬で荷を運んでいくのです。開港前までは、徳左衛門、八木下要右衛門とも江戸商人とのつきあいが多く、両者とも江戸商人の娘を妻にしてました。開港後はもっぱら横浜につめてましてね、外国の大きい船が何隻も来て生糸買うぞって言うと、みるみる生糸の値があがる。すると、シルク・ロードを駆足で村へ戻って周辺の村々の生糸をみな買い占める。素早くしないとたちまち人に追い抜かれてしまったんでしょうな」

このエピソードからうかがう限りでは、絹の道は、常々の一定の往来に加えて、船の到着とともに訪れる強い投機性と、それは裏を返せば博打性をもまとい、人の流れには強弱があったようにも思える。

辺見は、自著の中でいくたびも、絹の道があくまでも裏の道であったのではないかとの疑念を示している。

「……桐生や高崎の絹が利根川を通らず八王子へと迂回したことだった。利根川は江戸へ通じる運河である。おそらく江戸を通ったら密貿易ができなかったからではなかったか。開港をめぐる歴史の中の隠し道として、〈絹の道〉は生れていたのだった。」と。

さらに辺見の推理によれば、「絹の道」は日本の開国史そのものにおいても一つの裏面をなしている。

「これまでの日本歴史は、アメリカが水や石炭の補給のため日本に開港を迫ったとしている。水の補給は横浜でなくとも、日本のどの港でも可能であった。アメリカが日本に横浜開港を迫ったのは、〈絹の道〉がこの地にあるのを知ってのことである。東インド会社への抜け荷（密貿易）が横浜八王子鼻、十二天の崖下で行われたことをペリーは確認し、そのために必要な測量もいち早く実行していたと見なければならない。」

道了堂の跡を踏み、そこから北西を眺めれば、道はそこで途切れ、いまはただただ広大な斜面に等列の住宅地が広がっている。

　辺見がかつてこの場所を訪れたときに、ちょうど斜面にはブルドーザーがせわしなく往来していて、その道の先は木々もなぎ倒され、もろくも最期の姿を曝《さら》していたのだ。梢のあいだから覗く視界の先に広がるのは、あたかも工場産のかたちの整ったシメジよろしく並ぶ、同じ大きさの屋根、屋根、屋根である。

　訪れてみれば、ふもとの異人館跡に建つ資料館よりも、むしろこの山頂の道了堂跡こそが、時間の中で、何よりも「絹の道」の象徴としての風情を残している。

　やはり辺見がかつて拾った鑓水の声がある。

「今は絹の道とかいうとるらしいが、昔は鎌倉街道といっただんべぇ。鎌倉から咎人を役人が送り迎えしたちゅうだ。山の尾根のてっぺんに道がてんてんとあり馬が通った。鑓水に養蚕が発展してきて、大きな商人が生れた。そういう連中が横浜へ生糸を出すようになってから浜街道になったんだんべ。一斗樽へ生糸を入れて横浜に行き、帰りにその一斗樽に小判を入れて馬で帰って来た。市《いち》の道が出来たのは、八王子の商人が町田へ二、六の市に通ったからだ。うらァ、そのじぶんは子どもだったので朝はわからねが、晩方、商人が白装束で十五、六人うち揃って帰って来たな。」

　その山の尾根のてっぺんに、道了堂が建てられたのは明治七年のことである。殖産体制とともに生糸の生産が工業化され、輸出が盛んになったため、その往来を見守るためであった。

在りし日の道了堂は、まさに山のてっぺんにお堂が一つという、そんな佇まいであったと伝えられるが、そのてっぺんの広さは「てんてんと」と言われるには、時間を経ているとはいえ、少々、広すぎるようにも感じさせる。あるいはこの山頂で、それこそ表には出せない商いでも行われていたと考えれば、かつてお堂を護るようにあったであろう大きな木々と密集した下草が、人目から遮る、天然の陣幕の役割を果たしていたのかもしれない。

道了堂跡地

八王子が日本有数の衣料品の街として栄えてきたその歴史は江戸時代にまで遡る。

ユーミンの愛称で知られる歌手の松任谷由美の実家が、東京・八王子で呉服店を経営しているのは、ファンのあいだでは知る人ぞ知る話である。一九一二年(大正元年)の創業を謳う「荒井呉服店」。それが彼女の生家である。

江戸へのペリー来航からほどなく、八王子一帯は「ジャパン・シルク」が海外に輸出されていく通用路、いわば日本版シルクロードの途上に位置することになった。

日本のシルクロードはむろん、マルコ・ポーロに遡るユーラシアの東方貿易の回廊とは日本海によって断絶しているが、開国以来、横浜を経由して欧米に搬出されていったという点では、まさにユーラシア回廊の東端であるとみえなくもない。

八王子から横浜に抜ける「絹の道」には、のちに明治に入って国営の製糸場が整備される群馬・富岡はもちろんのこと、長野、茨城、山梨と関東甲信越の生糸が、それこそまるで扇子の要に注ぐかのように集まってきた。

かつて日本の農村では、専業の養蚕農家に限らず、屋根裏に蚕棚があるのは、それこそ至るところで見られた当然の光景であったから、それら個々の細い〝流れ〟が八王子で集積し、そこから横浜方面へと抜けるときには、大きな流れになっていた。

その流れを揺るぎないものにしたのは、江戸幕府による下田開港であった。そして、開港以前から製糸の取引が盛んであった八王子に対し、とりわけ変化が激しかったのが、八王子から横浜へと少し〝下った〟ところにある鑓水であった。

「開港後の生糸貿易は、巨富を手にした商人を輩出させた。そうした時代の寵児《ちょうじ》たちの中でとりわけ華やかだったのが甲州出身者といわれている。のちに甲州財閥をつくった若尾逸平、雨宮敬次郎であり、明治三年の普仏戦争のフランスの大敗により、蚕種暴落のあおりで没落した甲州屋吉右衛門らである。この甲州屋で若尾も雨宮も初めはわらじを脱いだといわれている。

明治初期、鑓水商人の大塚宗平も若尾逸平と手を結んでいたが、八王子宿に泊った若尾が、隣室の密談を盗み聞いたところから大儲けをした出世譚は今も八王子に残っている。当時、横浜へ向かう生糸が、八王子の市を通っていたことから、八王子が日本生糸売込みの震源地として注目をあびたのである。上州、甲州の大小生糸商人が、島田糸、提糸《さげいと》の売込みに火花を散らし、虚々実々のかけひきが展開された。

道了堂から横浜へ向かう道筋

八王子市場では、織物より生糸売買の方が遙かに利潤の高いことから、生糸売買に転じる商人が多くなっていた。彼ら新規の商人たちは、養蚕地帯をかけずり廻り、生糸を集めるのに狂奔した。各農家では機織りをやめて、生糸のまま売るようになった。雑木林はみるみる伐り倒され、桑が植えられ、どの家でも蚕を飼うようになった。八王子から関東平野の山麓地帯一帯を桑海がつづくようになった。山沿い地方ではいちじるしかった。その勢いは貿易の拡大につれて進み、農家の七割が養蚕業を兼ねるようになっていた。」(『呪われたシルク・ロード』)

ここに登場する鑓水商人の大塚宗平から三代目、五郎吉の時代、一八五九年(安政六年)の横浜開港を経て商機はピークに達するが、それに先立つ一八四三年(天保一四年)に五郎吉は辛酸を舐める経験をしている。

すでに八王子一帯どころか、遠く千葉、上総・下総にまでその名をとどろかせていた彼のもとへ、九十九里浜の新田開発の話が舞い込む。生糸の売買でいかに財を成したとはいえ、現在とは違い、財があっても簡単に手に入らないのが土地である。新田開発によって初めて「土地持ち」になれるという夢を抱いた五郎吉は、すぐにこの話に飛びついた。

だが、最終的に、新田開発願いを届け出た代官所との折り合いがつかず、この話は頓挫し、この事件がさらに五郎吉を熱心な商売に駆り立て、鑓水商人としての大塚家の名前を不動のものにした。

商人にとって、権力との〝コネ〟と〝癒着〟がどれほど不可欠なものかを五郎吉は思い知ったのであろう。その推測は、次の一節をひもとけば、確信に変わる。

「今、八王子から横浜へ行く日本のシルク・ロードを地図でたぐっていくと、往時の〈絹の道〉が、日本の裏街道であり、重要な産業の道であったことがわかる。そして、これら〈絹の道〉の通った村落の大方が、代官支配村であったことだ。鑓水村から原町田経由で横浜へ向かう途上にある原町田村も、開港と共に、生糸の重要な流出市場となった。甲州、信州の生糸の中継地として、二、六の日に市があり、南北の一筋道の両側に市をもって居住した面影が残っている。路村集落として、人家が往来に面して建てられているのである。この町田市域も代官支配の天領であった。

八王子から横浜への日本のシルク・ロードは、天領の道でもあった。当然、代官の眼が光っていたはずなのに、何故この道が選ばれたのだろうか。お目こぼし街道として、暗黙のうちに、代官との密接な関係を結び、育っていった道でもあったのだ。

あの抜け荷の大家といわれた平本平兵衛は、開港前より密貿易をしていたといわれるが、五郎吉においても、密貿易の伝承は語られている。江戸鑓水とまでうたわれた、山村の小さな集落が多くの鑓水商人を輩出させた背景には、代官のおめこぼしがなくては考えられない。」(『呪われたシルク・ロード』)

この文脈が示唆するのは、横浜開港によって、〝裏の商人〟であった生糸商人が、ようやく〝表〟に出ることを許されたという、決定的な立ち位置の変化である。

辺見じゅんが「今」と記したのは一九七五年（昭和五〇年）のこと。その直後から、八王子の「道」には大きな変化が訪れる。多摩ニュータウンの開発に代表される、八王子方面の大規模な造成が始まったのだ。それを機に、道の記憶も消えていく……。

八王子から四〇キロほど〝下る〟と、横浜・本牧《ほんもく》埠頭に着く。美空ひばりの生誕地、滝《たき》頭《がしら》はこの本牧岬のつけ根ともいうべき、おそらく埋め立て前の古くには、海岸線から目と鼻の先であったような場所だ。

現在もJR横浜線が八王子と横浜を結び、そして、その鉄路に沿うようにして、横浜街道が延びている。

これらはいずれも、かつての「絹の道」が何よりも横浜へとたしかにつながっていたことを匂わせるもので、その最終地点、あるいは起点について諸説はあるが、現在の本牧埠頭界隈だという説には強い説得力がある。

開国前には密貿易をしていたといわれる鑓水商人の中には、この滝頭一帯、本牧界隈の各所に荷を隠し、人目をはばかり闇夜の訪れとともに小舟に荷を積み、入江に入港してくる外国船へと向かった者がいたのではないかと想像もできよう。

「横浜市の平地の部分の多くは開港後の埋立地である。十二天・八王子鼻・本牧埼《ほんもくみさき》とよばれ江戸湾（今日の東京湾）に突き出た岬端は多くの入江を持ち、横浜港から全く死角で、密貿易船が停泊するには最も安全であった。……

八王子鼻の名は岬端に八王子権現があったからであろう。八王子をもって起点とするシルク・ロードはこの八王子鼻をもって終点としていたに違いない。これは密貿易の舞台にふさわしい背景であった。八王子鼻に立つには三渓園の裏に出なければならない。三渓園は鑓水商人大塚五郎吉と手を結び絹長者となった原善三郎の女婿によるもので、思い出深き地に贅《ぜい》をつくした庭園を造ったのも、絹長者生涯の記念碑と見ればうなずける。岬端の下は江戸湾だったが埋立てられて本牧とよばれている。」（『呪われたシルク・ロード』）

美空ひばり生家付近、滝頭の光景。狭く入り組んだ路地は、ある時点で時間が止まったかのようだ

横浜駅から根岸線に乗り継ぐと、平日の昼間であっても車内にはずいぶんと人が多い。だが、そ

の面々は、八王子・南大沢駅で降りた人々よりも少々年齢層が高くなっている。横浜に出るのならばともかく、下りであるはずの車内の混雑に違和感を感じるが、石川町に着くと、雑誌片手に賑やかに降り立っていくその背中を眺めて合点がいく。

横浜中華街でのランチ目当ての婦人らであったのだろう。石川町を過ぎた根岸線の車内は先ほどまでの賑やかさが去ったことに加え、車内を大きな影が包み、一気にさみしくなる。

ちょうど本牧岬のトンネルに入ったのだ。岬を抜けると、東の海側にはいまは大手石油会社の備蓄タンクがいくつも建ち並び、さらにはそれを搬出するための輸送用線路の引き込み線がいくつも見られ、もはや海岸線に当時の密貿易の〝痕跡〟を見取るのは難しい。

だが、その目を陸側に向ければ、なるほど、と思う。

大きな国道を挟んで、駅のある海側が、四角四面とまではいわないが、整然とした見通しのいい区画であるのに対して、国道から向こう、陸側はそれに対して、小さな家屋が密集している。

おそらく、戦後の都市整備も影響してはいようが、国道から海側はすべて埋め立て地であろう。

その国道はほどなく、横須賀道路と合流する。横須賀道路はこの本牧岬の高い場所を避けるように、陸側から迂回して海沿いに現れるのだが、肝心なのは、この横須賀道路が途中、八王子からの八王子街道とつながっている点である。

現在の横須賀道路は、東海道とつながるために、本牧岬の東京寄り、関内《かんない》の線路沿いに大きくその筋を膨らませて、再び、本牧岬の陸側を弓なりに湾曲して根岸で海に現れる。筋としてはいかにも人工的だ。だが、徒歩であれ車であれ、八王子街道が東海道に突き当たって直進すれば、最短距離で横須賀道路に合流し、そしてそのまま、やはりこの本牧の高台を避けて海へと注ぐ川筋に沿って、ちょうど岬の北側に出ることになる。

想像を大きく膨らませれば、埋め立てによる海岸線の変化を考慮しても、密貿易を果たそうとすれば、江戸からの目を考えた場合、やはり、東京湾の目が届く本牧岬の北側ではなく、陰となる三渓園側、つまり南側に生糸の抜け荷を運んだと考えるほうがわかりやすい。

辺見も当然、納得したように、「あの江戸五品廻送令の最中ですら幕府の裏をかき、『密売多くありて官吏は本牧品川其他に於て千余俵を押取せり』とある。十二天や八王子鼻が、横浜港から死角の地であることを一獲千金を夢みる冒険商人たちが見逃すはずはなかった。」

美空ひばりの生まれた滝頭は、「絹の道」のまさに海辺の終点であり、そして同時に起点であった横須賀道路を擁している場所である。ひばりはその地で、戦後、屋根なし市場といわれた、当世風にいえば、いわゆる青空闇市の香り強い場所で魚屋を営む家に生まれ落ちた。

　横須賀道路を脇に逸《そ》れ、滝頭にあったひばりの生家を探していると、気立てのいい初老の婦人が、連れていってあげるわよと、横に連れ立った。

　どこから来たのかとも尋ねることなく、自分もここで生まれ育ったから、ひばりのことはよく知っていると話す婦人は、わずか五、六分の同伴ではあったが、そのあいだに何度も、

「ひばりか……もうとにかく、ひばりの母親が熱心でねえ、熱心だったねえ、ひばりのために楽団をつくってはあたりでやっていてねえ。わたしも聞いたことあったよ。もうひばりが亡くなって何年になるかねえ。まだ若かったのに惜しいことしたねえ。生まれた家の裏の山の上にひばり御殿があったんだけど、いまはもう売っちゃって、それでマンションかなんかになってるよ。でもね、生まれた家は残ってますよ。親戚の人が住んでるはず。魚屋さんも場所は少しだけ変わったけどね、あるんですよ。親戚の人がやってるはず」と繰り返した。

　その婦人が不意に立ち止まり、ほらここ、と指したのは、奥の真っ暗な小さな入口の前だった。その奥に店があるらしきことは、「丸山市場」と書かれたその看板によってかろ

うじてわかる。

「あの奥、奥に魚屋さんがあるから。すぐわかるよ、じゃあね」と言って、婦人はどこへともなく細い路地に消えていった。

暗いアーケードに立ち入ると、そこは屋内のシャッター通りともいうべき沈んだ暗さが支配し、天井からは裸電球が垂れ下がる。突如、〝昭和村〟に迷い込んだかのような雰囲気である。おそらくもとより市場として覆いがあった場所にテナントが入ったのではなく、それぞれの店舗に屋根が見えるところを見れば、商店がいくつか集まっていた路地を覆ったようにも見える。

開いている店そのものも少なかったが、明かりのあるほうへ向かうと、たしかにいまはひばりの親戚が営むという魚屋はすぐにわかった。

首からゴムのエプロンを下げ、長包丁で手際よく魚をさばく中年男性の肩越しには、壁一面、ひばりのポスターや写真が額に入れられて所せましと飾られてい

横浜・滝頭の丸山市場

美空ひばりの親戚が営む鮮魚店。ひばり関係の写真が多く飾られている

た。

　おそらく、ひばりファンが訪れることには慣れているのだろう、声をかけると主人は飄々とした表情のまま仕事の手を休め、壁に向かって、写真やポスターを指差して、記念写真に応じてみせた。

　さらに生家をと尋ねると、市場から道端にまで出て、細かく路地の行き方をも教える親切さである。それにしても滝頭の路地裏は細かい。加えて、いまなお舗装されていない砂利敷きも多い。人二人が肩を並べながら通れるかどうかという幅の砂利道を、慣れているのだろう、日本郵便の配達用バイクが器用に往来し、急停車と発進を繰り返して土埃《つちぼこり》を舞い上げて行く。

　平成もすでに二〇年以上が過ぎたいま、田園地帯ならばまだしも、土埃の舞う路地裏の光景は珍しく、どこか懐かしい。ほほえましい風情は、映画『ALLWAYS　三丁目の夕日』のようでもあり、思わず立ち尽くしてしまう。

あたりには近代的な外壁で三階建てのプレハブ住宅も増えつつあるようだが、このあたりはまだまだ平屋の家々が軒を連ねている。消防車などとても入ってはこられない場所である。

「絹の道」のもう一つの起点、八王子では都市整備が進み、ほとんどの場所で道路拡張がなされているいま、土埃の舞う路地裏など想像もつかない。

だが、ひばりは、いまも土埃舞うこの町で生まれ、育ち、そして日本を代表する歌手となった。

配達バイクがアクセルとブレーキを繰り返すたびに巻き上がる土埃の向こうに、白い家が見える。ひばりの生家は、その建屋はほとんど当時のまま、外壁だけを洋風にリフォームしているようであった。

多少の化粧直しは施してはあるが、それがかつてどのような佇まいであったのかは、首を回すだけで、労なくして察することはできる。おそらくひばり誕生当時のままであろう軒が連なっているからだ。

ひばりの父親は、この自宅を利用し、「屋根なし市場」で魚屋を営んでいた。

不思議なのは、はたしてそこがなぜ市場となったのかという点だった。

市や市場が立ち現れるのは、多くが、やはり人の往来の多い場所、人が交差する場所、道路が交差する場所であろう。第二次大戦後の闇市の数々でさえ、立地のほとんどは駅前であり、あるいは道路と道路が交差する三差路を擁する三角地から発展したものが多い。いまなお土埃舞うほどの細い路地に囲われたこの場所が、「屋根なし市場」として栄えていたのは、そんな市場発展の定石からは外れているようにも感じる。

唯一考えられるのは、そこが八王子街道の海辺の終点であり、そして「絹の道」の海辺の起点であったということだろう。

滝頭という地名の由来は、地元の古老でも定かではないという。

そもそも海辺の町に「滝」とは、実に奇妙な取り合わせだが、なかには、あたりには高台があったから、そこから昔は滝でも落ちていたのかしらという者もあるが、しかし、この周囲を歩けば、あたりの高台はあくまでも丘であり、滝頭に隣接する川がやはり本牧岬の斜面をぐるりと迂回して海に注ぎ込んでいることからして、雨が降ったとて、滝のような風景があったとも考えにくい地形である。

想像しやすいのは、滝頭が川沿いの町であったことから、おそらくかつてここ一帯まで潮が入っており、まさにそこが川の端（滝の頭）であったのではないかと思われることである。滝頭はその意味で海岸線の低地であって、民間業者による開発が進んでいないのもそのせいであるのかもしれない。

左奥がひばりの生家。リフォームによって異彩を放つ。路地は砂利道

昭和後半、日本では第二の郊外、第三の郊外が開発され、八王子の丘陵地帯もまた、多摩ニュータウンと併せて、民間の開発業者による住宅開発の波に呑まれていった。鑓水の「絹の道」の斜面一帯に西武鉄道の看板が建つのも、その時分からの名残であるといえよう。

滝頭を含めた横浜方面は、京浜急行によって開発が主導された場所だが、第二、第三の郊外の特徴として共通するのは、低地志向ではなく、日当たりのいい「斜面」志向である。昭和後期には、その「斜面」が、新「山の手」として次々に宅地開発され、売り出されていった。

それは、斜面地には土地権者はいても住居はそれほど多くなく、まさに山林を切り開く要領で、土地の整理がはかどったことも大いに関係していよう。その流れの中で、「丘」は本来の意味を離れて、ゆとりある響きをもって人々のあいだに浸透していくようになる。

実際、本牧岬をはじめ、滝頭周辺の斜面地は、根岸に至るまでほとんどが住宅地として整然と開発され、滝頭のような昭和初期の匂いは完全に排除されている。「丘」の家にはまた、昭和の後期とはいえ、必ずといっていいほど、一台分の車庫が設けられているのが定番で、一九七〇年代の高度成長によるマイカー時代の到来を象徴する光景でもあった。滝頭のような低地は、現在でも、そんな山の手の風情とは無縁の場所であり、道をゆく人々の頓着ない親切さとかいがいしさは、まさに街道の宿場町そのものの気質を受け継いでいるかのようにも映る。

美空ひばりという、戦後が生んだ国民的歌姫は、やはり、こうした人間味豊かな土地が産み落としたものであったのかもしれない。

かつて、生前の美空ひばりへのインタビューを踏まえて『「戦後」美空ひばりとその時代』を書いた本田靖春は、美空ひばりの死去に際し、毎日新聞に次のようなコメントを寄せた。

「やはり(体が)いけなかったのかなあ。私は歌手ひばりのファンではない。流行歌にもうといしね。でも、『戦後』という同時代を生きた。将来、『戦後』という言葉を聞いて想い出す人物を挙げよ、と問われれば、ひばりはどんな人にとっても三本の指に間違いなく入るだろう。

彼女は焼け跡の中、青空市場から育ってきた。戦後という時代を、丸ごと背負って表現した。年端もいかない時分から、それを担っていた。空前にして絶後のことですよ。今のアイドル歌手とは全然違う。

ひばりは地べたにいた。防空壕の跡やトタン屋根の下にいた。戦前から戦中にかけ、みなを覆い、抑えつけてきた天蓋が、ひばりの出現ではねのけられた。空が晴れるような解放感というものを体現していた。『ひばり』はもう二度と現れない。

色々な機会に『戦後は終わった』と言われた。沖縄返還の時は、確かに一つのターニングポイントだったかも知れない。だけど、今こそ『ああ、本当に戦後は終わった』としみじみ思う。昭和天皇が亡くなったときよりもだ。天皇と焼け跡を分け合ったわけではない。天皇はやはり遠い存在だった。ひばりは大スターという意味では遠いところにいる。でも、いつも地べたにいた。

石原裕次郎は、美空ひばりほど時代を丸ごと背負ってはいない。裕次郎は、『もはや戦後ではない』という時に登場してきたのだ。

『戦後』は、私が住民登録している『選挙区』といえる。私の〝地元〟のひばり、おれたちの時代から出たひばり。その死は元気の出るニュースではないなあ。
ひばりがかつてこんなことを言ったことがある。『美空ひばりには神様がついているけど、加藤和枝（本名）には神様がついていない』と。結局、加藤和枝としては、いつも身辺をうそ寒い風が吹いていたのではないか。ひばりは時代と結婚してしまったのだから。『戦後』が過去に送り込まれつつあるのは事実。私の住民登録している『戦後』も、ひばりがいなくなった以上、地上げ屋が来て痕跡すらなくしてしまうんではないかな。」（『「戦後」美空ひばりとその時代』文庫本あとがきから）

ひばりが没したのは、一九八九年六月二四日、平成元年である。まさに昭和の終わりを見届け、昭和とともに逝った。その昭和の歌姫はいま、横浜・日野公園墓地に眠る。

本田は、ひばりが焼け跡の中、青空市場から育ってきたと言ったが、だが、その青空市場も、理由なくして市が立ったわけではなく、その市の傍らには、江戸幕末から明治を超え、昭和まで、人の脈を途切れることなくつないできた「絹の道」が通っていた。そのことと重ね合わせれば、その歌声は、ときに外国の商船の影を見るや、街道を走って八王子に駆け上がったといわれる生糸商人たちの乾くことない血潮を汲《く》んだ、静かにして熱い旋律にも思えてこよう。

また同時に、かつてはそこが密貿易の〝陰の街道〟であったことにも思いをめぐらせれば、焼け跡の青空市場という、公にしてどこかすえた匂い漂う土地は、まさに「地べた」と呼ぶにふさわしい場所であったのかもしれない。

「絹の道」の起点である横浜・根岸から磯子にかけては、本牧岬に始まり、小高い丘が周囲を取り巻くようにしてある、海に面した盆地に見えなくもない。その丘と丘の隙を縫うようにして、鑓水商人が走り、開港後は生糸買いつけの外国商人が歩いたのである。

港横浜を訪れる密やかな楽しみが、また一つ増えたような気がする。

絹の道――外伝

旧東伏見邦英伯爵別邸（横浜・磯子）

「絹の道」の八王子側は、西武グループが一九七〇年（昭和四五年）以降、多摩ニュータウン開発の波に相乗りするかたちで造成開発した北野台に接している。西武グループの創始者である堤康次郎（別名・ピストル堤）が、その全盛期に、大塚山公園を含んだ鑓水一帯まで都市開発に着手していれば、今日そこにはコクド所有の有料道路が引かれ、「プリンスホテル」が建っていたとしてもおかしくはない。

さらにいえば「絹の道」は、五島慶太（別名・強盗慶太）率いる東急の八王子・片倉台開発と、西武の北野台開発とがせめぎ合う最前線でもあった。まさに高度経済成長期の斜面地開発の〝現場中の現場〟ともいえる場所で、幸運にも、小さな痕跡をとどめつつ、ひっそりと生きながらえてきたのだ。

「絹の道」の横浜側では、再び丘陵開発されている磯子駅前の丘に、天守閣のごとくそびえる旧東伏見邦英伯爵別邸がある。一九五四年（昭和二九年）、あたり一帯の丘陵地とともに西武グループによって買い取られ、その後横浜プリンスホテルの別館「貴賓館」として利用されてきた。美空ひばりが、若き日の一時期、両親と暮らしていた滝頭は、この貴賓館から至近である。

「絹の道」の終点であり、始点でもある磯子にあった横浜プリンスホテルも、二〇〇六年（平成一八年）六月、閉館し、売却された。

在りし日の横浜プリンスホテルも穏やかな丘陵地帯の上に建ち、そこからの眺めは偶然だろうか、鑓水の大塚山公園からの光景とよく似ている。

投機的な色合いを濃くにじませる鑓水商人が往来した「絹の道」は、大正から昭和を鬼神のごとく生きた堤康次郎という稀代の実業家の魂をも呼び寄せたのかもしれない。それを夢想したとき、豊かな緑に覆われた大塚山の草木のどこからか、深い業をまとった数多の目がこちらを見つめているように感じ、瞬時、身ぶるいがした。

旧東伏見邦英伯爵別邸（横浜・磯子）

海苔の道

諏訪―浜松―大森、蒲田

長野
長野
東京
静岡
長野県
上田
松本
塩尻
諏訪
埼玉県
東京都
日本橋
甲州街道
甲府
大森・蒲田
秋葉街道
山梨県
身延線
神奈川県
横浜
東京湾
東海道
相模湾
静岡県
富士
静岡
駿河湾
浜松

三月に入り静岡では河津桜がもう満開を迎えたというのに、境内には踏みしめられた雪が至るところに残り、日陰には集められた雪がまだうず高く積もっていた。二〇一二年（平成二四年）は久しぶりに雪の多い季節感のある冬となった。

標高七六〇メートルを超える諏訪大社上社本宮で、雪畳に膝をつき、御社を護る石の玉垣に入り込んで固まった氷を指で一つひとつなぞるようにして掃《はら》い、覗き込む背を、どこからか眺めている視線があったことに、私はまったく気がつかなかった。

「あなた、珍しいね。海苔の人ですか」

声をかけてきたのは、鳥居の脇で火を焚くのを手伝っていた老夫だった。

「わたくしもね、ちょっと前まではずっと海苔をやっていたんですよ」

地元、諏訪出身の老夫は東京だけでなく、大震災で被災した東北の太平洋側、さらには九州の佐賀まで、全国各地の海苔生産地を渡り歩いたのだと話し始めた。

諏訪—浜松—大森、蒲田

海苔の道

諏訪大社本殿の北側を護るようにして隣接する小さな社は、全国の海苔生産者らが建てたものだ。諏訪大社こそは、日本の海苔生産業を支えるまさに〝本殿〟なのだ。

江戸時代から続く浅草海苔の生産を支えたのが〝海の民〟だといわれるとき、それは浜辺に生きる人々の手によるものではなく、陸に生きる海の民によることを指す。

諏訪大社上社本宮にある天流水舎は、諏訪大社が海苔生産業の“本殿”であることを物語る

長野・諏訪湖地方の人々が、その陸に生きる海の民の末裔だと言い伝えられる。彼らが日本の海苔養殖業の礎を築いたことは、いまは諏訪大社の本殿を護る玉垣に刻まれた名前からしかうかがうことはできない。

「全国海苔貝類漁業協同組合連合会」を筆頭に、各地の海苔漁協の名前が並んでいるが、いま、その漁協の名の多くは二〇一一年の東日本大震災によって被災し、壊滅的な打撃を受けた東北の太平洋沿岸部のものが多く、悲しいかな、鎮魂碑のようにも見えてしまう。

諏訪大社内の天流水舎の玉垣には「全国海苔貝類漁業協同組合連合会」を筆頭に各地の海苔漁協の名が刻まれている

だが、これらの玉垣こそ、諏訪商人がたしかにここから江戸へと旅立ち、そして立ち戻ってきた往来をいまに伝える標《しるし》であるようにも見える。江戸前海苔を遠く関西にまで広め、その物流を担ったのが諏訪商人である。

諏訪の人々は、かつて山陰からやってきた海の民の子孫であると、江戸の海苔商人のあいだで語り継がれてきた。浅草海苔の生産には、諏訪湖地方の人々が深くかかわっていた。

諏訪大社境内で出会った老夫にとって、海苔の痕跡を探す参拝客はよほど珍しかったのだろう。ときおり照れたような笑顔を交え、一気に語った。

「いまではもう本当に少なくなってしまったけど、海苔の検査はいまでも諏訪の人間でなければできないんですよ。どうして諏訪の人じゃなきゃダメかっていうと、代々やってるし、とにかく仕事が速い。どんどんどんどん、できた海苔を等級に分けなきゃいけないんだけど、こっちの分ける手のほうが速くて、目の前に出してくる問屋さんのほうの手が間に合わないんだから。いまは海苔を乾燥させる機械もあるけれど、等級分けだけは機械にはできないから。分けるためには、海苔を〝読む〟んだが、こっちは海苔の艶や密度でどんどんいいものと悪いものを目で見て、一瞬で全体を判断して、等級に分けていく。これは機械にはできない。だから、いまでも日本の海苔の検査は、諏訪の人間が全国に行ってやっとるんです。それで、諏訪の人間が一〇枚やってしまうあいだに、出してくるほうは二枚とか、そんなもんでね。諏訪の人たちはとにかく作業が速いし、賢いから。だから、東京の問屋が終わったら、すぐに声がかかってる東北に行って、その次は今度は九州なんてね、全国から声がかかってね。私も全国行きましたよ。最初はね、もちろん、背中を見てるだけで、一人前の仕事ができるようになるには年季がいるね。私もずっと背中を見るだけだったから。それが諏訪の人間の冬場の仕事。三月くらいになったらもう暖かくなってきちゃって終わりだね。海苔は暖かくなっちゃうと、一日でもう、あっというまに色が悪くなっちゃうから。海苔の仕事をしてるときは昼食が出るんだけど、よかったのは東北で手伝ってるときだね。昼食の代わりに寿司屋の食事券が出るわけ。それを一枚じゃなく、一回に五枚も六枚ももらってね。だから、よく言われましたよ。諏訪の人が来ると、何枚あっても足りないからなって。そうやってね、ずっと寿司ばかり食べていたり、住むところも部屋を借りるとお金がかかるから、車の中で寝泊まりしてね、それで動いていくわけ。

東日本大震災の被災地の名も並ぶ

諏訪は海がないから、海のものはよかったよ。港に酒を持っていくと、漁師さんが酒と交換に、イカだとかをくれるわけ。そのイカをもらってきては、糸を張って干してね、そしてすぐに諏訪の家に送ったんだ。みんな喜んでね。でもね、あなたが見てたあの社の玉垣にある名前の人たちもみんな歳とっちゃってね、毎年一度、秋には集まってたんだけど、集まれる人も、もう少なくなっちゃったな。昔は全国から来たんだけどね。海苔の御社を見てる人なんてね、もういないからね……あんたみたいにね」

海苔は遅い秋から冬にかけての仕事である。毎年大寒を待って行われる収穫で繁忙期は頂点に達するが、この時期は地元民の手だけでは足りず、ここに諏訪からの人々が手を貸した。

諏訪地方もまた、雪が深い冬のあいだ、働き場所を求めたのであろう。

その諏訪と浅草海苔とを結びつけた、一つの「講」がある。御湯花講と呼ばれるそれは、今日まで続き、諏訪大社の祭礼資金の流れを担っている。

始まりは、諏訪大社への信仰心からの〝出稼ぎ〟ともいえ、諏訪の人々の心の厚誼《こうぎ》を象徴しているともいえよう。

海苔の収穫を手伝いに東海道・大森へと出た人々によって、無事に最初の神楽《かぐら》が諏訪大社に奉納されたのは一八五二年（嘉永五年）であった。その年、ロシアからの船が下田に来航し、それを追うように、ペリーは日本に向けてアメリカ本土を出港している。天下太平の江戸幕府の時代に抗いようもない大きな変化が押し寄せようとしていた。

天流水舎近くに建つ「全国乾海苔検査員会」の碑

諏訪の人々はその時代に、信仰に生き、御湯花講を結成したが、それは何よりも自身らが深くかかわる海苔の繁栄を願う意味が込められていた。

「諏訪明神が故郷の各地に霊湯を湧かせたように、各地の海でのりの花を咲かせて下さった。御湯花こそはのりの花の種であり、我々の生活を実らせてくれるものだ」（宮下章『海苔の歴史』）。

海のない内陸・諏訪で芽生えた海苔への思いをそれこそ実らせた者が講を築き、支えてきたのである。

だが、この御湯花講もついに最近、それを支える人々の高齢化と後継者難によって解散を余儀なくされたと教える者がいた。

諏訪大社には、御湯花講の人々をはじめとする海苔生産業者のための海苔の神楽があるのだが、ここ数年、ついに事情が変わった。

「残念ですが、神楽もやらない年が続くようになってしまいまして……やはり後継者がいなくて。昔は東京の蒲田からも人が来たり賑わっていたんですが……」（諏訪大社社務所）

富山の薬売り同様、諏訪の諏訪商人は、いつしか「諏訪の雀」と呼ばれ、海苔の生産を手伝うだけでなく、海苔商人として東海道をも歩くようになった。

生産地である大森、蒲田の人々にとっての諏訪といえば、自らの生産を手伝う人々という意識がいまでも強い。

かつて我が家でも海苔を扱っていた、という家々には、繁忙期に諏訪の人々が住み込んでいたことを記憶している人間は多い。その諏訪の人々が冬場の出稼ぎの旅者としてだけではなく、諏訪商人として認知されるようになったきっかけは、おそらく帰路に、海苔そのものを各地で売って歩くことが習慣化したからであろうことは想像しやすい。

収穫を手伝い、稼いだ帰りに、さらに海苔を売って歩けば、余計に懐は温まるものだ。

また、東海道の起点、日本橋には、海苔販売の老舗中の老舗である山本海苔店があるが、ここは日本で最初に「味付海苔」を商品として売り出してもいる。

ときに、味のついた海苔は質の劣る海苔だという言われ方もするが、海苔はそのさまざまな評価項目から、取引上の等級は実に細かく分けられていた。

それほどに厳しい等級があれば、本当の最高級の海苔は庶民からは高嶺の花もいいところ。江戸庶民のほとんどはおそらく一生、口にすることなく没していっただろう。江戸城にまで献上されるほどのものが最高級であったに違いなく、その一方で、キリの海苔をどう売るか、という観点もまた、商売上は大事になる。

また、日本国土、とりわけ太平洋側の湿度もまた、当時の海苔の管理を悩ませたに違いない。江戸前の海苔を東海道を歩いて地方へ売り歩くうちに、わらで巻くなどいかに防湿に気を配っていたとしても、やはり江戸から大阪へ着くうちには傷みもしよう。

湿気は容易にカビを生み、いったんカビがついてしまえば商品としては致命的で売りものにはならない。今日のようにビニールも防湿剤もない時代のことである。商品の管理は厳しい。海苔もまたその意味で、生鮮食品同様の扱いが求められた。

味付海苔は、そうした当時の物流搬送の技術的な制約を克服する意味からも要請されたものであったのかもしれず、実際、山本海苔店によれば、味付海苔は、関東よりも関西のほうが大きな売り上げが立つという。

これは、何につけても薄味を好む関西人の嗜好とどう折り合うのか不思議にも思えるが、関西では、この味付海苔こそが食文化を育んできたのだとすれば、わからなくもない。

諏訪商人が実際に、東海道を江戸から大阪まで歩いていたことを何よりも象徴するエピソードがある。

諏訪商人の一人であった森田屋彦之丞は、東海道の途上にある静岡・浜名湖に海苔の養殖をもたらした偉人として、いっそうの顕彰を求める声が絶えない。浜松市内の宝珠院にはこの森田屋が分骨祭祀されているほどである。

森田屋が浜名湖に海苔の養殖をもたらしたのは一八二〇年（文政三年）に遡るといわれ、これはとりもなおさず、諏訪の人々が東海道を往来していたことを裏づけている。

この森田屋もまた、東海道・日本橋と大阪とを往来している途上、浜名湖を渡る折に、岩につく海苔らしきものを認めたことから、そこが海苔の養殖に適していることのヒントを得たと伝わるが、海苔は潮の適度な速さや流れに左右されるものだからこそ、潮の入る場所ならばどこでも、というわけにはいかないであろう。

むろん岩海苔なら、海岸であれば、目にする機会は決して少なくないが、養殖に適した環境を探すとなると難しい。

浜名湖は幸運にも、その条件に適《かな》った。

それにしても、である。あらためて疑問なのは、信州・諏訪の人々がどのようにして海苔との接点を持ったのか、という点だ。

諏訪と浅草海苔を結びつけた「御湯花講」の碑。講は支えてきた人々の高齢化と後継者不足で解散を余儀なくされたという

「海の道」「海苔の道」であった東海道と、諏訪を結ぶ接点を探れば、「塩の道」や「秋葉街道」が浮かぶ。調味料としてだけではなく、食糧の保存用品としても不可欠な塩は、信州だけでなく、各地に「道」をつくり、現在もなおその痕跡は日本各地に見ることができる

が、ちょうど日本海側、太平洋側、どちらにも等距離にある諏訪湖の、太平洋ルートがある。

諏訪から甲府へ下り、そこから富士山麓を抜けて静岡の海岸線へと出る道が、当時、諏訪へ塩をもたらす道として知られていた。

やはり諏訪に近い塩尻は、まさにこの「塩の道」の「尻」、つまり「塩の道」の日本海ルート、太平洋ルートの〝終着点〟を意味している。

では、海苔との接点がなぜ日本海ルートではないのかと考えたとき、むろんそこには日本海の雪と波の高さが海苔の養殖を遠ざけたのではなかろうかと想像できる。塩尻から北に上がれば新潟に達し、日本海に抜け、その日本海も富山から石川、福井に至るまで、潮の入りがよさそうな、それこそ天然の養殖場さながらの入江はいくらでもある。

そんな〝船隠しの入江〟に海苔のタネならぬ養殖のタネはいくらでも落ちそうだが、そうはならなかった。

日本海は秋の訪れとともに、天上には低く厚い雲が垂れ込め始める。ほどなく、雷とともに、ひどいときには子供の拳ほどもあろうかという、雹《ひょう》と呼ぶにも大きすぎる氷玉が空から降ってくるのだ。そして、その雪起こしの雷がようやく収まったかと思うと、湿気を含んだ雪が、音もなく深々と降り積もる。そして日本海の波は冬場ほど高い。

収穫には寒さが不可欠で大寒が収穫期とはいえ、冬の日本海は海苔の養殖にはあまりに過酷な気候だった。

こうした気候・風土事情もあり、日本海は海苔の養殖とは結びつかなかったのかもしれない。

だが、太平洋ルートを下りれば、それは東海道とつながる。当時、「裏日本」の日本海側に対して「表」であった太平洋・東海道と、塩尻からの「塩の道」は海辺で交差し、そこに「海苔の道」との合流をみたと考えるのが、当時の諏訪の人々の往来を考えるときに、もっとも素直ではないだろうか。

生活必需品である塩を求める諏訪地方の人々は、甲府から甲州街道を経て江戸に上るのではなく、海を求めて静岡へと下りたのだ。その道筋は、甲府から静岡までをつなぐJR身延線に、今日、その痕跡をとどめると伝えられる。

だが、身延線に象徴される塩の道は、浜名湖よりも江戸に近い、「手前」にあり、同時にそれは、近代においては富士川を伝った米運搬での利用に転じたという。

「海苔の出稼ぎの人々が江戸のころにどこを通ったか、なんていう発想では考えたことがなかった」と苦笑しながら、諏訪市博物館の館長は、「ありうるとすれば」と次のように教えた。

「むしろ、身延線よりも、秋葉街道のほうが頻繁に利用されていたと聞いたことがあります。立川流《たてかわ》という建築様式があるんですが、これをやっていたのは諏訪の人たちで、この秋葉街道を利用して静岡に出ていたといわれています」

秋葉街道は諏訪湖を経由して長野の上田市と静岡の浜松市を結ぶ道で、現在は国道一五二号線となっている。この秋葉街道を経由した東海道沿いには、立川流の建築様式を含んだ神社仏閣が数多く残り、重要文化財に指定されているものも多い。

海苔の生産が始まった江戸時代に遡り、諏訪の人々が太平洋に出る道は、さらに古い歴史を持つ秋葉街道であった可能性もある。そうであれば、諏訪商人が江戸から甲州街道を諏訪に戻るのではなく、森田屋のように、浜松を経由し、浜名湖に海苔養殖をもたらした理由もわかる。

するとそこには、本州中部をぐるっと取り巻く「海苔の道」の〝環〟が見えてくる。その、人と海苔の環は多くの道をめぐったが、結び目は二つあった。諏訪と、そしてほかでもない東京・蒲田である。

神社の境内で、「伊藤のおじいちゃん」と出会ったのは、そんな当時の空気を知る人を探し、蒲田を歩き始めて一ヵ月ほど経ったころだった。

おじいちゃんは九〇歳を優に超えていたが、整骨院に通う以外に大病はなく、達者に見えた。

おじいちゃんも若いころは海苔を採っていて、いまでも毎日必ず海苔を食べていると
カッカと笑った。

昭和初期の蒲田には、細い川がたくさん流れていた。みな、庭に出るような要領で、係留してある小舟に乗り、その細い筋を下って、海へ漕ぐでもなく、流れていくのが朝の光景だった。

だが、それは決して、のどかな光景ではなかった。

「みな、海で海苔を採っていたと言うと、よかったわねえ、と言うんですが、でもね、下手をすると死ぬんですよ」

死ぬ？　東京湾の静かな海で死ぬことなど、想像もつかなかった。思わず出た言葉に、問い返されたと思ったのか、おじいちゃんは、繰り返した。

「そうです。死ぬんですよ。私の知っている人でも死んだ人が何人もありましたよ」

穏やかとはいえ、そこは水の上、海の上での作業である。ときには事故も起きただろうな、とは思えるが、しかしそれはいっそう深刻で、日常的なものであったらしい。

「船とはいっても、本当の小舟。人が一人乗れるかどうか、二人乗ったらいっぱいになっ

てしまうほどの大きさの船ですから。簡単に流されてしまうんですよ」

なるほど、潮の流れはたしかに速い。だが、原因は潮ではないのだと言う。

「潮はもちろんね、ただ、漁師ですから、潮はいつが満潮でいつが干潮かはわかるんです。それを見て海に出ますから。怖いのは、風なんですよ。風が陸に吹いているときはいいんです。それが海に向かって吹き始めたら、危ないんです。沖に流されて戻ってこれなくなるから」

障害物のない海上でまともに風を受けた小舟は容易に流され、もちろん、船尾の櫓《ろ》で漕いだとて、向かい風ともなればとても前になど進めないのだった。エンジン付きの船など手に入らない時代のことである。

「だから、海に出ているあいだは、つねに陸を睨んでいなければならない」

陸を？　と、思わず声に出た。

「そう、煙突から煙が出ているでしょう。この煙の流れを見ていなければいけないんです。これが海に向かってきたら、早く戻らなくちゃ、戻れなくなるんです。わかっていてもね、これがなかなかね。やっぱり亡くなるもんがありましたよ。いつだったか、台風が近づいていたときにはだいぶ亡くなった……」

伊藤のおじいちゃんは、日陰になったからと、境内を離れて、自宅へと歩き始めた。

境内を出たところで、おじいちゃんはちょっと立ち止まり、振り返って言った。

「ほら、いまのところも貴船神社。このあたりには貴船神社がいっぱいあるんですよ。やっぱり船が多かったから」

おじいちゃんは、勤めに出ている家人のいない部屋に私を通すと、戸棚から金色の缶詰を取り出してきた。特選と大きく印刷されたその缶からパリッとした海苔を一枚取り出すと、私に食べてみろと言う。

それは植物性の食べ物とは思えない歯ごたえと、味の濃さがあった。

東京・大森には海苔問屋が並ぶ一画がある。諏訪大社の幟も並ぶ

すごい濃厚ですね、と思わず口をついた。

するとおじいちゃんは待ってましたとばかりにこう言うのだった。

「そうでしょう。濃いでしょう。わかりますか」

追従を打つまでもなく、それはたしかに濃厚だった。人生においてこれまで意識もせずにテーブルに載った海苔をどれだけ口にしてきただろうかと思うとき、たしかに海苔をこうして一枚ずつ、しっかりと味わったことはなかったように思う。醤油をつけずに口に含むと、海苔は独特の甘みと、そして深い濃さを秘めていることがわかる。

おじいちゃんは、金色の特選缶から海苔を出し、もう一枚、と促した。

不思議なことに、二枚目の味はちょっと違った。それにはどこか潮の香りが感じられた。

「日本の海苔はね、濃いんですよ。だから、いい海苔になる。浅草海苔はこの東京湾の、大森沖で採れた海苔ですが、それが一番だったのは、この濃さですよ。いま韓国の海苔が流行っているでしょう。あれを食べたことありますか」

韓国料理屋で口にしたことがある。塩がまぶしてある味の濃いものだ。

「韓国の海苔はわざわざああして味をつけてあるのは、薄いからなんですよ」

薄い？　たしかに口の中にある日本産の海苔の濃さとは違う。

「韓国のものはパサパサして、スカスカでしょう。あれは潮流の関係なんですよ。韓国あたりの海は潮流が速すぎて、濃い海苔が採れないんです。でも、潮の流れがないと海苔は育たない。でも、速すぎてもだめだから難しいんです。東京湾の潮流は海苔が育つのにちょうどよかったんですよ」

おじいちゃんの言葉から、一つの疑問が湧いた。

「ただ、東京湾でも、潮の流れは決して均一的ではなく、やはり強弱、海苔のタネが育つのにもっともいい場所や、ちょっと場所が悪いといったような、ヒビ（篊。海中の干潟に立てる枝付きの竹や網）を立てる一等地、二等地みたいなものがあったのかもしれませんね」

海苔を口に含みながらの思いつきだったが、おじいちゃんは、そう、と手を打って、思わぬ方向に話を展開させた。

「海苔の漁もね、親方と子分がいたんですよ」

それは農業同様、地主と小作のようなものでしょうか、と聞いた。

「そう、ほとんどはみんな小作。収穫してきた海苔はみんな親方のところに集めたんです。それで親方が集めた海苔を卸して、そこから私らは小作料をもらったんです」

東京湾での海苔業は、農業にたとえれば、地主である親方の田畑を借り受けて耕し、その収穫を納めることで賃金を得ていたかたちだったという。

だがそもそも、決して限りない広さとはいえない東京湾の遠浅の海で、どのようにしてヒビを立てる場所は決まったのか。

「それはたしか年に一回、親方衆が集まって、くじ引きでやっていました。みんな長年の経験でね、このあたりが海苔の出来がいい、悪いっていうのはわかりますから。やっぱり、みんないい場所を取りたいから。いい場所には殺到するわけです」

東京湾でヒビを立てる場所取りは親方衆の話し合いとくじで決まるとして、では親方そのものはどのようにして地位に就いたのだろうか。それについても、さすが齢《よわい》九〇を超える伊藤のおじいちゃんは、昔の海苔のことを体験として語れるのは彼くらいしかいないという評判どおり、興味深い言葉を繰り出した。

「それは株があったんです。株を持っている者が親方だったんです」

農業においても、地主がどのようにして地主となったのかを問うのは愚問の域を出ないが、海苔に株制があったとすれば、その階層はより強固なものであり、地位を決定づけたものであったことは想像できる。

この場合は、相撲の世界を例にとれば考えやすい。

親方は年寄株を持つ者がなり、そのもとに弟子を抱えることになる。この場合、親方になるには年寄株を手に入れなければならないが、その株数は職域組合（ギルド）として厳重にその数が定められ、滅多なことでは増減しない。

それはありていにいえば、既得権益を護るためのものでもあり、その職業を保護育成するため、ときには家父長制的な強い結束力を生み、一つの家族制社会として外圧に立ち向かう場合には大いに機能もしよう。

ただ、その世界に生きる人間にとっては、それは運命的ともいえる、抗いえないストレスともなりうる。

「年寄株は代々、相続でその家に継がれるから、親方の家に生まれた子は大きくなれば親方になれるけれど、小作に生まれればずっと小作。小作が親方株を持つことはまずないから、小作は死ぬまで小作から抜けられない」のだ。

株制度まではいかなくとも、現在でも農協や漁協に新規に加盟するのは、簡単なことではない。

海苔業の場合、相撲同様にそこに株制度が敷かれていれば、その絶対的な階層社会の中で、自らの裁量と意思を羽ばたかせることはまず無理だといっていい。それは、その腕と技量を誇り、自信を持つ者であれば、なおさら大きなストレスともなりえただろう。

海苔養殖廃業による補償金が一大歓楽街・蒲田の基礎となった

東海道一の海苔の街、蒲田が抱え込んだそんなマグマさながらの鬱積《うっせき》は、第二次大戦後、羽田沖の埋め立てによってそのエネルギーを発散するきっかけを得る。

羽田空港の整備にともなう東京湾の埋め立てで、海苔業は完全に廃業へと向かったのだ。海苔業を営む者には、このとき補償金という大きなカネが流れ込んできた。

「蒲田の駅前に呑み屋とかキャバレーとかができたのはこのあとですよ。あそこが歓楽街になったのは、この補償金を持って呑みに歩いた人間がですね、ずいぶんとそんなあぶく銭を落としたからなんです。海苔業は貧しいですからね。小作はみんな、親方からお金を借りたり、前借りしたりしてなんとか生活していたのがほとんどでしたから」

まとまったカネを手にすることに慣れない人々は、廃業したあとの当てのなさもあって、夜ごと、ポケットにカネを突っ込んでは東海道をまたぎ、外へと呑み歩くようになったという。

それを聞けば、「蒲田行進曲」も、少々、皮肉な音色に響いてしまう。

この東京湾埋め立てによって、職にあぶれた人々は工場へと新しい働き場所を求め、さらには、自宅を改築してアパート経営に乗り出すことになった。

比較的古いアパートの多い界隈でも、最近では鉄骨鉄筋の中層の賃貸向けマンションがずいぶんと増えた。それも一九八〇年代半ば以降、バブルの時期に、融資先を探す銀行から、「楽隠居のためのマンション経営」を指南されたことによるのだという。

だが、「結局それも、払いきれない借金を背負うだけだった」と、恨み節を唱える厳しい者もいるが、その蒲田でもいま、かつての海苔業の痕跡を辿ろうとすれば、街中、幾筋も残る、小舟を漕ぎ出して海へと向かった川筋の跡ということになる。

それらはいずれも埋め立てられ、公園として整備され、草木とベンチが等間隔で並ぶ、木立の道となっている。

伊藤のおじいちゃんに、その親方たちはどのように転業していったのかと尋ねた。

「親方だった人の中にはいまでも海苔をやってるのもいるよ」

仲介業とのつながりがあった親方衆は転業によって、自身も卸売業へと業態転換を図ったのだという。

たしかに、かつての川筋にはところどころ、軒先に段ボールがうずたかく積まれた、工場にしては小さいが、数多くの人影が作業をしている家を見ることができる。

親方の中には、こうした卸売業となった者も多い。

伊藤のおじいちゃんは、自身が生まれるさらに前の話を聞かせた。それはまだ日比谷に潮が入っていたころのことだという。

「君の名は」で知られる銀座・数寄屋橋の下に光を散らして揺れていた水面は、東京オリンピックの掛け声とともに暗渠に覆われ、その川筋を地下に潜らせた。

そもそも江戸城築城前史に遡れば、銀座は川の街というよりも、海そのものに近く、帝国ホテルの建つ日比谷は小舟が浮かぶような場所であった。

強い風が吹けばいっぺんに転覆してしまうような小さな小さな木船は、ただ一艘がぽつねんとあったわけではない。もしそのころ、空から見下ろすことができたならば、木船はただ波間に怯えるように漂うだけではなく、線で引いたようにまっすぐに、あるいは真横にと、碁盤の目に沿って小さく進んでは止まる、まるで人間将棋でも指しているかのように映ったかもしれない。

木船もまた一艘ではなく、海の街だった日比谷から銀座にかけて点々と、幾艘も浮かんでいた。

木船が進む先には、竹で編んだ多くのヒビが、決して深くはない海中に刺さっている。日比谷の地名の由来ともいわれるヒビには、黒々としていて、同時にどこか深い紫の艶を放つ、海苔のタネが見える。触れれば、たっぷりと海水を含んでヌメッとした感触はどこかゼラチンに似ているようでもあるが、硬さと芯はない。二本の指で押さえれば簡単に指の腹が当たってしまう、緑の泥のようでもある。だがそれはときに激しい干満の潮に揉まれつつも、不思議なほどしっかりと竹の骨に張りついている。

浅草海苔のブランドで知られる江戸前海苔は、どこまでも、そうした東京湾の潮の流れと時間の中で育まれてきたものだ。

日比谷から向こう、JR山手線や東海道線が走る新橋駅を越え、のちに埋め立てによって海岸線が後退した「汐留《しおどめ》」には、いま日本テレビや共同通信、電通、さらには四季劇場といった巨大なメディアビル群が、かつてのヒビの高さの何百倍もの背丈を曝《さら》し、潮風を受け止めている。

その脇に、日本橋からまっすぐの国道一号線が走り、それは海沿いをなぞるように、田町をかすめ、大田区蒲田へと続いている。旧東海道でもある国道一号線を、汐留の高層ビルの上階から見下ろせば、かつてこの海沿いの浅瀬を埋め尽くしていた江戸前海苔のヒビの回廊のようにも見えてこよう。

ヒビの回廊は、木更津から蒲田まで、東京湾内海に沿って広がる海の道でもあった。とりもなおさず、東海道が「海苔の道」であったことを意味するが、その東京湾内海のヒビの回廊の中でも、もっともその生産規模において賑わったのが、蒲田だった。

だが、「蒲田行進曲」が発車メロディーとして懐かしい音色を電子音で甦らせるJR蒲田駅を降りても、そこが海苔の一大生産地であった面影はおそらくどこにも見つからない。

どこの駅前にでも広がる、バスターミナルと、それを取り囲む雑居ビルとチェーン展開する見慣れた飲食テナントの色調に埋め尽くされ、他の駅前と変わらない形式的な相貌を曝しているにすぎない。

蒲田らしさを楽しむには、駅前から海側へと延びる道を行き、国道一号を渡らなければならない。〝東海道〟をまたぐと、とたんに蒲田界隈の路地は深みを増す。

喧騒は一転して静寂に変わり、ただただ広がる低い屋根と路地のあいだから、機械油のどこかねっとりとした匂いがにわかに漂ってきたかと思えば、次の路地では、甘い佃煮の香りに全身が包まれる。

大田区はいわずとしれた、日本が世界に誇る、金型に始まる精緻な加工技術の最先端をいく工業地であり、また、それを将来に残すべく、いま再び脚光を浴びている技術伝承の街でもある。

だが、その歴史は決して古くはない。歴史の概略を記す書きものは、史誌やウェブサイトに溢れているが、この地に根ざし、長くその生産を経済面から支援してきた城南信用金庫のホームページのものは、もっとも簡潔でまとまりがいい。

「品川・大森・糀谷にかけての海岸は、江戸時代から海苔漁業が盛んに行われてきました。そこで、大森地区の漁業の歴史についてご紹介します。

明治には羽田でも海苔を生産するようになり、海苔漁業は大きく発展しましたが、昭和

2年、東京湾の漁民にとって死活問題ともなる京浜運河の開削と、それに伴う埋立計画が発表されます。当時、東京湾の川崎から品川までの海面はほとんど海苔漁場で占められていましたが、そこに運河を建設し、排土により埋立地を作るという計画です。これに対し、漁業者・海苔関係業者の2万世帯、10万人の死活問題だとして猛烈な反対運動が起き、大森の漁業者である鳴島音松は天皇が住んでいた赤坂御所に嘆願書を持って直訴を敢行しましたが、すぐに捕らえられました。この事件で彼は懲役6ヵ月の刑を受けましたが、多くの人々の減刑嘆願もあり、恩赦令によって釈放されました。これを機に政府・東京府は運河築造の実行は慎重に行わなければならないとして数ヵ年の検討期間を置き、昭和11年、漁業者・海苔関係業者に対する補償等の条件を含む第二次計画が出されました。翌年、漁業組合は条件を呑み、運河開削工事が開始されますが、日中戦争・太平洋戦争の激化により昭和18年に中止となり、計画は戦後に持ち越されることとなります。

海苔の生産は大正から昭和初期までがピークであり、全国生産高のトップを占めていましたが、戦争の影響や工業化による水質汚染などにより減少しました。戦後、京浜運河計画が再度浮上し、漁業者との間で交渉が続けられ、昭和36年、東京港改訂港湾計画・東京湾埋立10ヵ年計画が始まります。この年、漁業者との間の交渉が妥結し、海苔の養殖漁業は廃止となりました。この間に東海埋立地・昭和島・平和島の埋立も開始されました。

昭和39年、東京オリンピックが開かれ、首都高速道路が一部完成し、高度経済成長の時代に入ると、廃業を余儀なくされた海苔生産者は、サラリーマンや工場労働者として転職していきました。

当時、都内最大の海苔漁業協同組合であった大森漁協も昭和40年に解散となり、昭和42年にその跡地（現在は大森児童館）に漁業記念碑が建立されました。現在の大森地区の地形は、都市化により大きく変化してきたのです。」


東京・大田区役所の区政資料室には、一枚の風変わりな地図が残っている。現代の地図の上に、かつてあった河川や生活用水など〝水の筋〟を色鉛筆で記したものである。それはまるで、毛細血管のように縦横に蒲田周辺の土地をめぐっている。

いまとなっては、その地図は、伊藤のおじいちゃんが教えた、「かつてこの街には六〇を超える川があったんだ」という言葉を裏づける唯一の資料ともいえた。

歴史の古くから、大小の川が生活のすぐそばにあって、人々の生活を育んできた。蒲田は川の街だった。

そして、そこは同時に、いつの時代も、決して十分に「豊か」な土地とは呼ばれえなかった。

「勤め人」と言われれば聞こえはいいが、地場を支える企業のほとんどは従業員五人以下の零細企業である。さらには、下請けのさらに下の孫請けの、内職業で生計を立てている者さえ少なくはない。

そんな風土の中で、師走はにわかに、その街を活気づかせる。歳暮と正月用の海苔の出荷が最盛期を迎えるのだ。いま、の光景である。

かつて海苔の一大産地だった東京湾のこの地域は、羽田空港の拡張計画にともなう沖合展開事業の推進で完全にその役割を霧消させ、海苔の生産業者も姿を消し、五つに分かれていた漁業組合も解散していった。

いまは、この蒲田が日本を代表する海苔の産地であったことを偲ばせるのは、せわしさを増す、年の瀬の海苔問屋の活気だけとなっている。

師走の声が聞こえると、海苔問屋の扉の向こうでは、贈答用の空箱が海苔で埋まっていくその傍らで、大きな段ボールが積み上がっていく。それも、空の段ボールが、である。問屋の主人に教えられてみれば、すぐに合点がいく。蒲田で生産される海苔は、正確にはいまはもうない。

蒲田で箱詰めされて出荷される〝江戸前〟の海苔はいま、佐賀県や福岡県から届くのである。大森・蒲田の海苔は絶滅したが、いまは「浅草海苔」の最後の看板を守る最終加工地となっているのだ。

そして地方で生産され、東京で箱詰め加工された海苔が、再び〝特産〟の江戸前海苔として地方に送られていく。

あたかも、工業製品のＯＥＭ（相手先ブランドによる製品供給）さながらの光景が伝統食品でも行われている現実を目の当たりにするのが、いまの蒲田の年の瀬である。それは同時に、現代社会がまとう「外装」がいかにかたちありきのものであるのかと、嫌な気にもさせる。

そして、伝統の街であった蒲田をも侵食し尽くした、加速する戦後復興と高度成長のただなかで、蒲田の駅前は勃興し、「蒲田行進曲」へと向かう。

一九四〇年代はまだ、蒲田の駅前には安っぽい性風俗店や場末のキャバレーも、栄えてはいなかった。蒲田の駅前の一画がいまのような淫靡《いんび》な匂いを漂わせるようになったのは、紛れもなく太平洋戦争後のことである。さらに、蒲田周辺がそうした呑み処として最盛期を迎えるきっかけは、やはり羽田空港の発展と切り離すことはできない。

それはもちろん、羽田空港の往来客が蒲田を通過するようになったためでも、国内旅行の拠点となったためでもない。

伊藤のおじいちゃんが教えたように、「羽田空港の拡張で、東京湾で海苔の養殖を営んでいた生産業者らの懐を潤した補償金が、夜な夜な呑み屋に落ち始めた」ことが、蒲田を発展させた皮肉な現実だった。

言い換えれば、戦後の蒲田こそ補償金によって栄えた街である。その点では、広大な米軍基地を抱え、負担と苦痛に抵抗するその一方で、国からの莫大な補助・助成金なくしては復興をなしえなかった沖縄などの「戦禍の土地」とも、経済基盤の支配図は似通っているように見える。

補助金か、さもなくば「繁栄はない」街なのだ。

蒲田はいまでこそ、金型や精密機械の部品製造などでは日本のモノづくりを支える一級の土地として知られている。

しかし、戦前からすでに盛んであったといわれる〝工場街としての蒲田〟でさえ、遡れば、やはりおじいちゃんが言うように、「羽田空港の建設と拡張によって職場を失った海苔業者たちが、食う糧を求めて〝転業〟していった結果」なのだ。

その意味で、蒲田の製造業は海苔の生産業からの転業をきっかけにしていた。そして転業のきっかけが羽田空港の整備拡張という、高度成長期の象徴としての意味合いを持っていたところに、蒲田という土地がいまもって含み持つ「業」さえ垣間見えよう。

そんな細々とした生活を営む者たちが暮らす土地で生まれ、育った、伊藤のおじいちゃんも、私に語ったあと、いくつかの冬を越して、永久の時間の中へ去っていった。思えば、大正元年生まれの伊藤のおじいちゃん、嘉蔵はすでに九五歳を超えていたのだから、大往生であった。

蒲田界隈には、一九五〇年代まで、羽田空港の建設・拡張と前後して、実に多くの漁業組合があった。

九五年（平成七年）に大田区がまとめた『羽田空港に関する環境対策の経過』には、その界隈の漁場としての繁栄を偲ばせる記述がある。

「現在、大田区内には漁業組合として、大田漁業協同組合、多摩川漁業協同組合大田支部、羽田雑漁業共同組合、羽田漁船共同組合、糀谷漁業組合、大森東雑漁業共同組合、大森漁業共同組合、大森漁業組合があります。

東京湾の羽田沖を漁場としている漁業者は、昭和37年12月24日の東京都内湾漁業権及び漁業補償水域内許可漁業廃止以降は、東京湾における東京都港湾事業に支障がない場合にのみ、漁業権はないが、自由漁業が残存漁業として認められていた……」

嘉蔵は、この中でも、もっとも大きかったといわれる大森漁業共同組合に所属していた。その理事をやっていたこともあった。だが、そんな嘉蔵の話をツテにその消息を辿ろうにも、すでにそれも叶わなかった。

この最大規模を誇った大森の組合もすでに解散し、いまは海苔問屋の組合には当時の名簿すら残っていない。

嘉蔵は私が訪れたとき、妻には先立たれたと、そんなことを口にしていた。その嘉蔵も、妻のもとへと旅立ってしまった。

現在の大森第一小学校は、嘉蔵が卒業したころは、貴船小学校と呼ばれていた。いかにあたりが漁業の街だったかを偲ばせる校名である。いまとなっては、東京に「船」をその名に据えた小学校があったことさえ、不思議な感覚を与える。

嘉蔵は私が初めて出会った二〇〇三年(平成一五年)には、海苔業を体験したことのある、唯一ともいえる証言者だった。

そして嘉蔵は、すでに語り部の多くを失った、かつての海苔業にまつわる裏話を開陳してみせた。海苔業にもまた、他の商売同様に、生産者の周辺には既得権と絡んだ、複雑な事情があったのだと繰り返し教えた。

「海苔の生産者といっても、本家と分家、さらに小作のようなものがあったんです。本家が海苔を採る権利を持っているんですが、その本家もまた、それぞれの組合の中での権力によって、海苔を採る場所に差が出る」

そして、分家にはさらに下の小作がある。「海苔小作」とは同時に、その最下層であることを意味した。

東京湾から海苔業がなくなったあと、立場が本家ではなく小作であった者の家勢は急速に衰えていった。

呻《うめ》くともなく、問わずとも何度も何度も嘉蔵が洩らしたように、「その採取場所によっては生産に天と地ほどの開きさえ出かねない」のが海苔業である。さらには、天候以外の要素によってもその生活が左右される。技術と知恵だけでは測りきれない、強い〝権力性〟を身近に感じさせる業種でもあった。

嘉蔵はあるとき、しみじみと、だが決して恨み節ではなかろうが、こう洩らしたことがある。

「私はね……分家だったんです……」

言葉の詰まった嘉蔵の目を思わず見つめると、ためらいなく、こう続けた。

「収入にも開きが出る」

本家が漁場を仕切り、分家がそれに従い、さらにその下に小作がいる。海苔業もまた、多層的な請負構造を持っていた。

そして、その階層のいちばん上にいるのが、問屋となる。

生産業者は、ヒビなどの漁具の修理や補修のために、ときに問屋からカネを借りて、それを行った。仮に小作が入用となれば、そうして上から貸し借りの〝廻し〟の構図を経たうえでカネが下りてくる。

現在でも、建設業や製造業においては、こうした多層構造は変わらない。それぞれの利益層で下へと向かうほど、その利幅は小さくなり、実利が細々としていく現実は容易に想像できる。

信州・諏訪からつながる「海苔の道」が果てしない輪廻に見えるのは、いつの世も変わらない、海苔にかかわった商人や生産業者たちが呑んできた涙の道に見えるからかもしれない。

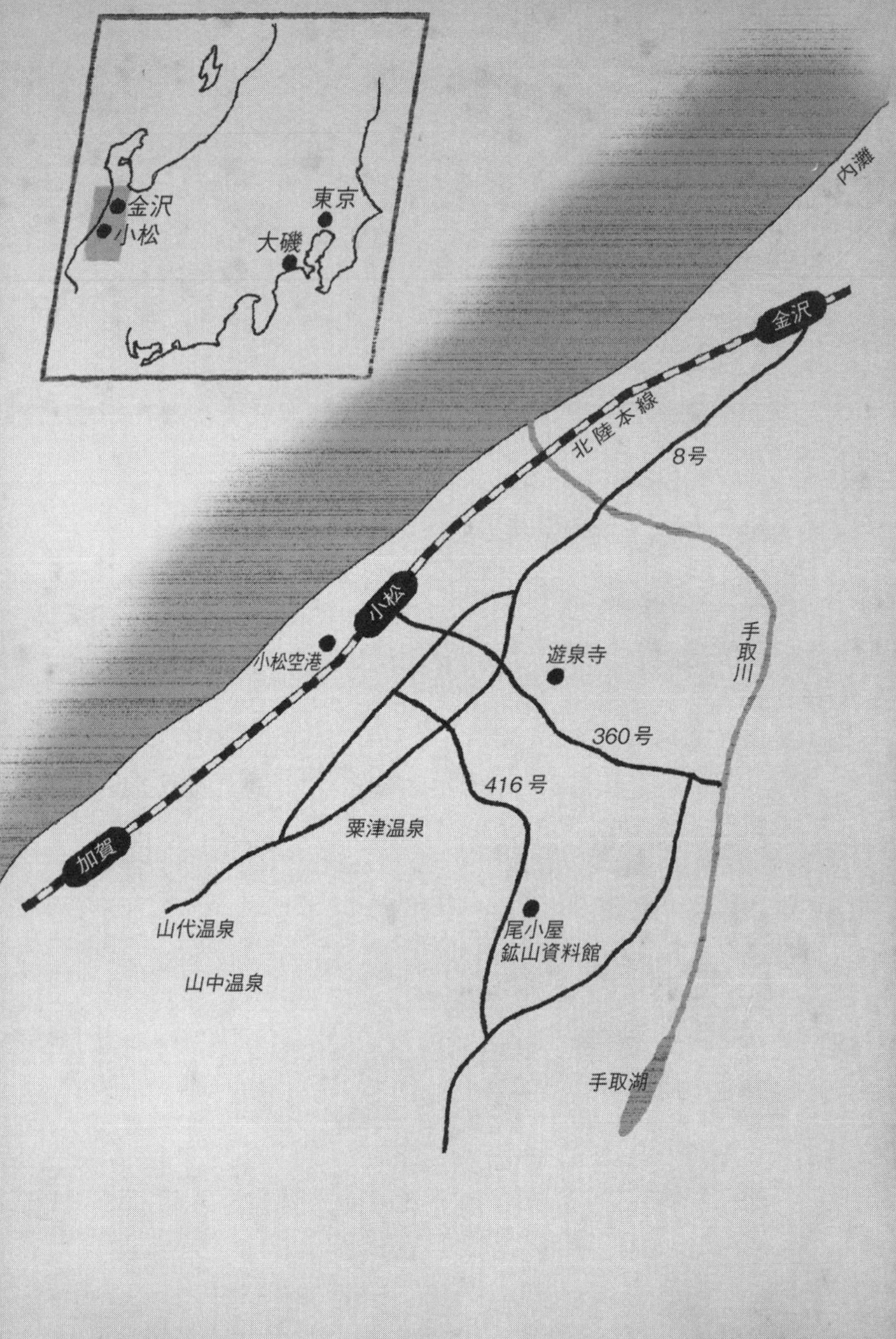
金沢
小松
東京
大磯
内灘
北陸本線
8号
小松空港
遊泉寺
手取川
360号
416号
加賀
粟津温泉
山代温泉
尾小屋
鉱山資料館
山中温泉
手取湖

大磯─石川・小松

「金の間」「銀の間」の道

二〇〇九年（平成二一年）三月、神奈川県・大磯の吉田茂邸は、漏電による失火から、未明に焼け落ちた。吉田が八九年の生涯で最後の鼓動を響かせたのは、「海千山千邸」と呼ばれた屋敷の中でも、決して客人を通すことはなかった、「金の間」「銀の間」と呼ばれた別棟の自室だった。金の間からは好きな富士を望み、寝室である銀の間の天井には一面、銀燭が施されている。まばゆいほどの光を睨《にら》み、吉田は逝く。その吉田の〝死の床〟の光景には一つの謎があった。天皇家を愛してやまなかった吉田は、死後、キリスト教の洗礼を受けている。それは亡くなる直前に遺言があったからだとされた……。

その光景を見た者がいる。吉田の生前から庭師として雇われ、死後はその屋敷を護ってきた男である。

海千山千邸全焼の二年前――。吉田邸を訪れるのは二度目だった。だが一度目は、固く閉ざされた門が開くことはなかった。インターフォン越しに、住み込みの管理人だという男が、「許可がないと入ることはできない」と告げ、「もう、だいぶ荒れてきてしまいまして……」と、小さい嘆きを聞かせたのだった。

吉田茂邸は主《あるじ》の死後、西武グループの所有となる。その後も庭師は住み込みの管理人となって屋敷を護ってきた。かつて昭和天皇・皇后がロールスロイスに乗って訪れたこともある吉田邸は、いまや写真でしかその風景に触れることはできない。二度目となる今回は、かつて吉田内閣時代に外務大臣秘書官だった男性とともに、庭師を訪ねた。

元秘書官は、かつて幾度も敷居をまたいだのであろう、慣れた作法で靴を脱ぎ揃えると、吉田が総理大臣時代に使っていたという官邸に直結した黒電話や、大磯の海が一望できる部屋、さらには、まるまる一艘の船のかたちをした風呂などを細かに案内してみせた。

受話器を取れば、それだけで官邸とつながったという説明に間違いはないのだろう。黒電話には、ダイヤルはついていない。本来ならばダイヤルがあるはずの、のっぺりとした表面を撫でていると、庭師は言った。

「ダイヤルがついていない黒電話のほうが、盗聴がしにくいっていうことでね」

接してまもなく、私はその人物が、かつてインターフォン越しに、「もうだいぶ荒れてしまって……」と嘆いてみせた人物であると確信していた。

彼はいかにも、吉田茂という人物だけに惚れ込み、そのために吉田茂以外には誰にも愛着を感じないといった雰囲気で、邸内を案内するのである。

元秘書官が、かつての記憶から「あれっ、ここにあった机はどうしたの?」「ここに黒張りの椅子があったよね」と、懐かしげに話を振ると、庭師は淡々と、こう答えた。

「あれは太郎さんが持っていってしまったみたい……」

「それも、いま太郎さんが使っているらしい……」

吉田茂の孫である麻生太郎が、祖父の形見を譲り受けていったのだという。

あからさまに感情を表に出すにはすでに老いすぎているのだろうか……庭師は、淡々と語る。しかし間違いなく、そう語るときの声の張りは落ちた。苦渋の表情を浮かべているようにも見える。

吉田茂が惚れ込み、決して職を辞することを許さずに手元に置きとどめ続けた庭師である。いまでもその心中は吉田と、屋敷と一体なのだ。たとえ吉田の孫が使うためであったとしても、ゆかりの品々が屋敷から持ち出されていくことには強い抵抗があったのだろう。

終戦から遠くない一九四七年(昭和二二年)に建てられた大磯の屋敷は、数えられるだけでも、四度の増改築を繰り返した。

そのたびに、横、裏手、脇へと建物が増え、渡り廊下でそれぞれの棟はつながれた。そ

2009年3月、漏電による失火で焼失した吉田茂邸（神奈川県大磯町）

うした箇所箇所には、背丈ほどもある大きな衝立が関所よろしく置かれ、立ち入りを拒んでいた。あるいは、勝手に奥へと進もうとする来客の機先を制するように、「立ち入り禁止」の札が、さらにその衝立の向こうにさえ貼られている場所もあった。

とにかく富士山が好きだったと伝え聞く吉田のことだから、きっと富士が望める部屋があるに違いない。吉田はどの場所から富士を眺めたのか——。

庭師は穏やかな声でこう教えた。

「あのケヤキの向こうですよ。いまはケヤキで見えなくなってしまっています」

教えられた方向に目を凝らせば、富士はたしかに、巨大なケヤキの脇から左の稜線を少しだけ覗かせていた。すでに陽は南頂に達し、朝よりもだいぶ霞がかかってきてしまっていたが、たしかにその裾を認めることができた。

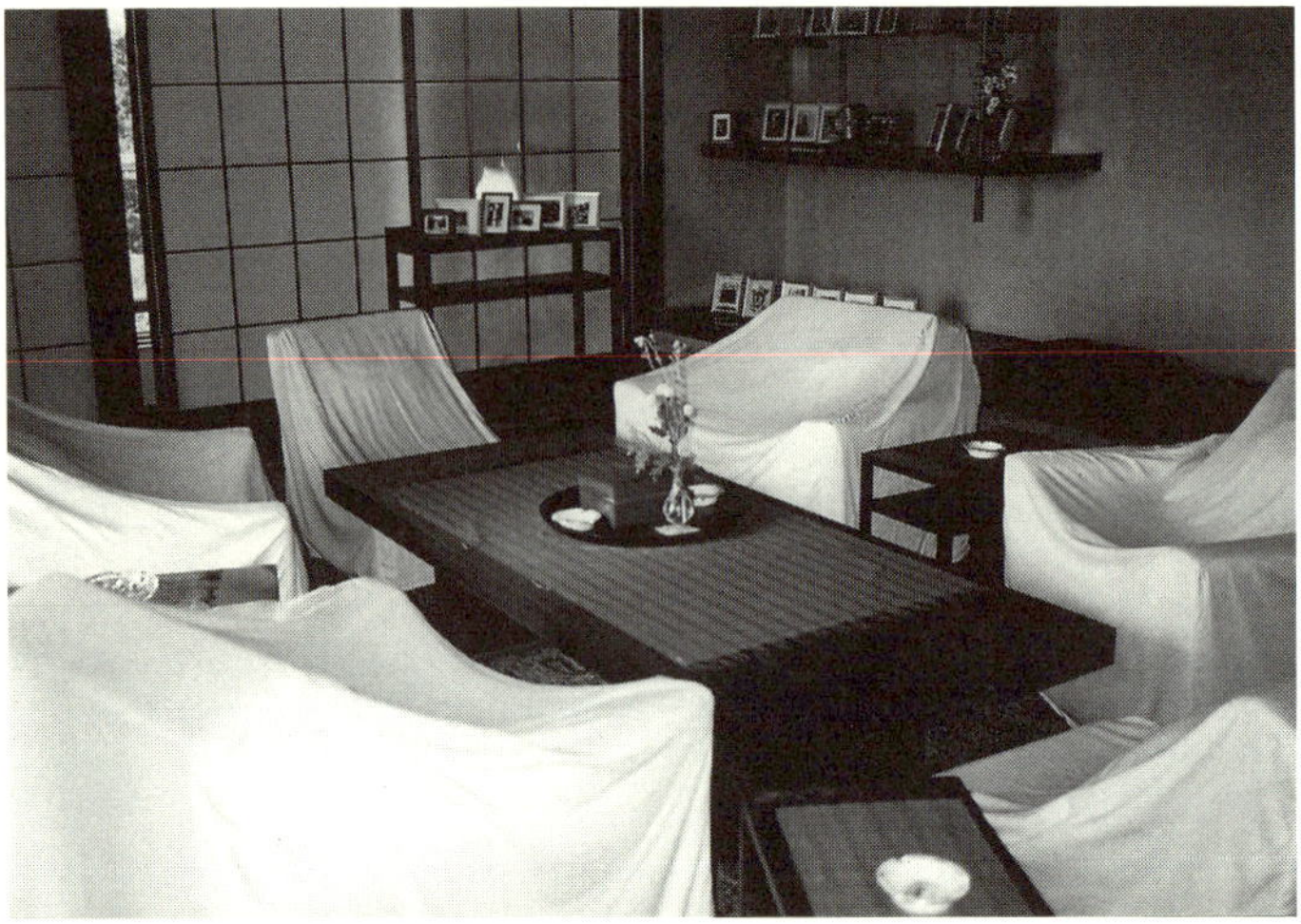

吉田茂邸「金の間」　アイゼンハワー米大統領を迎えるためだけに造られた

「ああ、ほんとだ。うっすらとだけど……写るかな」と言いながら、元秘書官も、手に持ったデジタルカメラのシャッターを押す。

庭師は続けた。

「あのケヤキも、だから生前はずっと切っていたんですよ。富士山が見えるように。だけど、いまはもうあそこまで伸びてしまって」

ケヤキは富士の山頂を超えてしまったのだ。一九六七年（昭和四二年）の吉田の死去から、すでに四〇年以上が経っていた。大磯からの富士は大きい。その大きな富士を裾野までくっきりと望めたことは、応接間の暖炉の上に置かれた二枚の写真で知ることができた。

ケヤキは空に大きく伸びる。しかも上のほうでも、その枝ぶりはしっかりしている。春から夏にかけて葉を茂らせれば、その存在は高さがあるだけに何倍にも膨らむ。鯉を放った池や、芝のある庭園でケヤキを調和させるのは、技術を必要とするはずだった。庭木としては持て余すケヤキをあえて残していたという庭師の言葉はどこか、いまでも息づく職人としての光を放っているようだった。

庭師はかつて一度、吉田邸から逃げ出したことがあったのだという。一万坪というその広大な屋敷の管理は、たしかに手には余ったのだろう。それは庭というよりも、山の管理のようだ。しかし庭師は吉田の強い要請で再び屋敷に呼び戻され、そしてついに吉田の最期に立ち会うことになった。

元秘書官が口火を切った。

「あの部屋、どうしても見たいんだ。ちょっとだけ、見せてよ。あの二階の部屋」と、懇願する。「二階の部屋」とは、黒電話が置かれた海千山千邸とは別の場所を指していた。哀願しているとも取れる元秘書官の要請を受け、庭師はちょっと黙り、そしてついに聞き入れた。庭師もまた、男性との久しぶりの再会が嬉しかったのかもしれない。

男性が外務大臣秘書官だった現役時代、吉田茂が総理時代のことである。

公用車で吉田邸を訪れると、応接間に吉田本人が現れ、大臣との話し合いに入った。

何がきっかけだったのか……別室で待機する秘書官に大臣から声がかかった。

「おい、彼女いるんだろう。せっかくだから呼んできなさいよ」

秘書官に、結婚を前提にした交際相手がいることを知っていた吉田は、その女性を大磯まで呼び寄せるようにと言うのだ。

吉田茂が媒酌人となり、その場でかたちばかりとはいえ、結婚式を挙げることになった。厨房だけでもまるで小さな料亭並みである。五つものガス台が中央に置かれ、料理人のための部屋まで用意されている。

秘書官にとっても、吉田邸は生涯、忘れることのできない場所である。そうした縁を知る庭師にとっても、もはや互いに老いゆく季節を迎え、無下に断るには忍びなかったのだろう。

庭師は、その封印された「間」へと我々を誘った。

階段の一段はすべて、通常の半分以下か、あるいは三分の一ほどの高さしかない。それは吉田にとって歩きやすいように調整された高さだった。

和室、洋室の応接間に敷かれた長さ一〇メートルに及ぼうかという一枚ものの絨毯《じゅうたん》は、いずれも日本橋・三越の外商が直々に納入した特製で、その裾には、三越の特注品であることを示す、三越のマークとアルファベットが織り込まれていた。

階段の手すりは京都にある実際の橋の欄干を再現し、天井や廊下には、普通のシャンデリアではなく、間接照明が掛かる。さらには終戦直後の建物にして、セントラルヒーティングによる暖房ダクトが邸内を走っている。

居間の襖《ふすま》には、真珠の粉をまぶして細工した浮き彫りの紋様がついている。それが居間という居間にある襖の表裏にまんべんなく施されていた。

さらに、小さな収納の引き戸も表と裏で模様が異なり、雰囲気に合わせて裏表を替えることのできる、リバーシブルになっている。驚かされるのは、その引き戸の小さな取っ手の部分が金属ではなく、陶器でできていることだった。すべて特注品で、微に入り細を穿《うが》つほどのこだわりは、見えない場所にまで自らの意思を徹底させなければ気の収まらない、吉田茂という人物を、何よりも象徴している。

「金の間」にはゆかりの写真類が飾られていた

死後四〇年目を超えて初めて〝外〟の者の立ち入りが許された部屋は、圧巻だった。

そこは決して生前から開かれることのなかった「金の間」「銀の間」だった。

そもそもはアイゼンハワー米大統領が来日する際に、大磯に招くことを予定し、迎賓館として、「昭和三〇年当時で四千万円を費して」（庭師）増築されたものだった。「金の間」「銀の間」それぞれの部屋からは、富士山と大磯の浜という、きらめき美しい、二つの弧を望むことができる。

応接間として造られた「金の間」には金細工がちりばめられ、隣の寝室には天井一面を銀細工が覆い、「銀の間」とされた。

「銀の間」中央に置かれたキングサイズのベッドは、シーツカバーに皺《しわ》一つない。まるでホテルの一室のようにいつでも来客を迎えられるような状態にある。おそらくそのベッドに横たわれば、あたかも夜空に無数の星がまたたくように銀のきらめきに包まれるのであろう。

「昔はもっと、銀色も、金色も鮮やかでしたけど」

庭師はそう告げ、そして……。

「ここも雨漏りがひどくて……みんなやられてしまったんですよ。雨で……」

そう言って、庭師は応接間の窓を開け、その傷み具合を説明してみせた。

1967年10月20日、吉田茂はこの「銀の間」のベッドで89歳の生涯を閉じた

銀に比べ、金のほうが傷みはひどく、教えられなければ、すでに天板の自然色と見分けもつかなかった。

だが「銀の間」は、部屋の明かりをつけただけでも、なおも自然な発色ときらめきを部屋一面に浮かばせた。

「吉田茂さんが亡くなられたのは、もしかしてこのベッドですか？」

尋ねると、庭師はもう何も隠す必要などはないといったふうで、こともなげに答えた。

「ええ、ここですよ」

吉田茂が没したのは、その「銀の間」だった。

「では、ご遺体を棺に移されたのがこの部屋……」

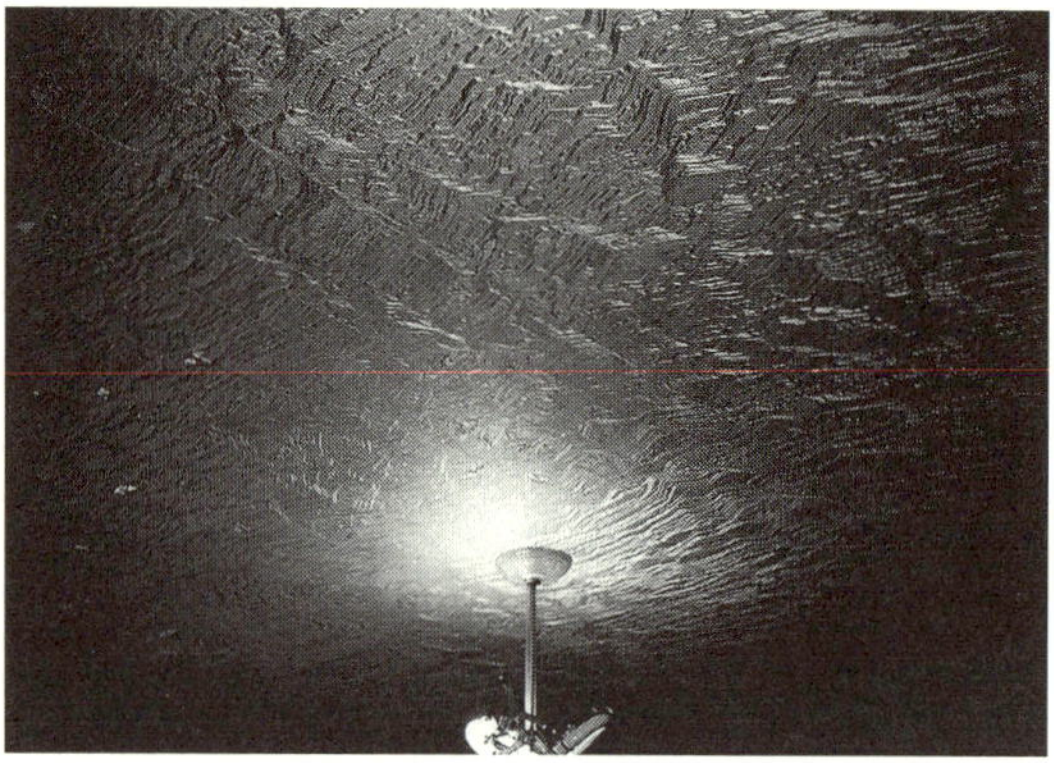

「銀の間」の天井は銀細工がほどこされている。銀の波光が部屋に満ちる

死後、カトリックの洗礼を受けた吉田は、棺の上に白菊で十字架が供えられたと、かつての記事は伝えていた。

アイゼンハワー大統領を迎えるためだけに造られた「金の間」「銀の間」は、不幸にも賓客を迎えることはなかった。訪日そのものが実現せず、アイゼンハワーは大磯を訪れることはなかったからである。

以来、そこが吉田の個室となり、寝室となった。そこは吉田にとっては完全にプライベートの空間だった。

庭師によれば、客人がなくどんなに寛《くつろ》いでいるときでも、必ず和装に着替え、身だしなみに気を抜くことはなかった吉田である。出入りを許すことのない、厳然とした私的な空間を〝隠していた〟のは納得できる。寝室であれば、それはなおさらだ。

私は、おそらく主治医やごく限られた親族しか訪れたことのないその寝室に立つことを許された幸運に驚き、そして、かねがね気にかけていた〝謎〟を尋ねてみたくなった。

「吉田さんは、晩年はカトリックに帰依していらっしゃったんですか。たしか、葬儀は教会でなさってますよね」

元秘書官も、生前の吉田茂がカトリック信者であったことは知らなかったと言う。するとの庭師は、このときばかりは露骨に苦しそうな表情を浮かべ、こう言った。

「あれも……誰があんなことにしてしまったのか……」

誰が……という言葉が含む意味を、私は瞬時に悟った。

「娘の和子さんがカトリックでいらしたから？」

庭師の言葉に思わず、推測していた言葉が口をついた。

問いかけに、庭師は唇をわずかに震わせただけで、結局、それには答えない。立場もあろう。いずれにしても、その小さな沈黙で、庭師の〝答え〟を知ることができたように思えた。

天皇家を崇拝していた吉田茂が、そして敷地内の七賢堂では神主を招いて祭礼を行う吉田茂が、なぜカトリック信者であるのか。死後、吉田を知る誰もが測りかねる謎だった。

「銀の間」のベッドの枕元には、天皇家の菊の御紋が金刻された台の上に、短刀までもが置かれている。天井の銀細工は波の光を部屋に満ちさせる。金の御紋に銀の輝きが射すその寝室で、吉田は最期の瞬間を迎えた。

一九六七年一〇月二〇日、吉田は神奈川県大磯町の一万坪に及ぶ土地・屋敷で、八九歳の生涯を閉じたが、それからが忙しかった。二二日には、宮内庁から松平侍従が訪問し、天皇、皇后からの供物を届けた。

遺体が安置されているのは、三〇〇坪もの広さを持つ屋敷の二階、「銀の間」である。ここで茂の長男・健一や麻生多賀吉らが見守る中、遺体は棺に移される。

「棺はきりの白木、中に故人の愛用したステッキとベレー帽、犬のぬいぐるみ、愛読した野村胡堂捕物帳数冊が菊やカーネーションとともに納められた。フタには白菊で飾られた十字架が置かれ、マクラ元には両陛下から贈られた花とお菓子が供えられた。」（一〇月二三日付朝日新聞朝刊）

棺桶の蓋に、「白菊で飾られた十字架」である。吉田が晩年まで愛用していた鳩杖は、かつて天皇から贈られたものだった。吉田茂自身の象徴でもあったこの杖こそ、天皇家との絆の深さの象徴であることは周知のところだった。

それにもかかわらず、棺桶には「白菊の十字架」で、「死後洗礼」である。吉田をよく知る者こそ、この意外な展開を前にして受け止め方に困惑した。

政府が慌ただしく国葬の日取りを調整する中で内葬が執り行われ、棺に納められた主がカトリック信者であったことが広く知られるところとなる。

二三日午前一一時、東京・文京区関口の東京カテドラル聖マリア大聖堂で葬儀ミサが始まった。

ミサに続いて赦禱《しゃとう》式が行われ、献花に移る。

吉田がどのような経緯でカトリック信者となったのか、詳しい事情は明らかではない。同日付の朝日新聞はこんなエピソードを伝えている。

「吉田氏は生前カトリック信者になりたいと家族にもらしていたため、死去直後に、カトリック東京大司教区の浜尾文郎神父の司式で洗礼、『ヨゼフ』の名を受けた。」（二三日付朝刊）。

東京カテドラルでの葬儀の様子を、夕刊が、十字架が大きく写った写真とともに、さらに詳しく伝えた。

あの吉田がカトリックとはと、そんな興奮もあったのか、努めて冷静な書き手も、その光景に引きずられるように続けた。

「死後カトリックの洗礼を受けた故吉田茂元首相の内葬は二十三日午前十一時から東京都文京区関口の東京カテドラル聖マリア大聖堂で近親者、特別縁故者約千五百人が列席して行われた。

定刻、高さ六十二メートルの鐘塔から弔いの鐘が鳴ると、パイプオルガンでバッハの『マタイ受難曲』が流れる。長男健一氏、麻生和子さんら親族とともに神奈川県大磯の私邸から聖堂に移されたひつぎは大輪の白菊とユリの花束に包まれた祭壇下に安置され、白柳誠一司教の司式で葬儀ミサがおごそかに進行する。『主よ、永遠の安息を、かれに与え、絶えざる光をかれの上に照らし給え』――。

佐藤首相をはじめ政、財、官界などの人たちとジョンソン駐日米大使ら諸外国の大公使らが、めい黙して故人をしのぶ。白柳司教は追悼説教で『花を愛し、人を愛し、国を愛してやまなかった吉田さん。洗礼を受けてすぐ神の子となって罪の許しを受け〝天国ドロボウをするんだ〟とユーモアたっぷりにいっていた吉田さん。どうぞ安らかに眠って下さい』と述べた。

このあと『ヨゼフ・ヨシダ・シゲル』の罪に許しをこう赦祷式が土井辰雄大司教の司式で進められ、正午すぎから告別式に当る献花があり、会葬者全員が白いカーネーションを一本ずつ霊前に捧げた。一般の人約二千人が会葬したのち、遺体は午後二時、渋谷区西原の火葬場へ向った。」

内葬とはいいながらも、会葬者に向き合うようにして霊前には時の首相・佐藤栄作夫妻が立ち、国葬並みの参列者の面々である。吉田の遺体は三一日の国葬後、青山霊園へ運ばれ、埋葬されたのだった。

たしかに、吉田茂の娘・和子の子である麻生太郎も、太郎の弟の麻生泰も洗礼を受けたクリスチャンとして知られている。太郎も泰も幼少時は、福岡県飯塚市にあるカトリック教会の幼稚園に通っていた。

和子が熱心なカトリック教徒であったとしても、なぜ吉田が死後洗礼を受けたのかは謎だった。

遺書は遺っていたのか？　と問うと、庭師はさも当然といった口ぶりでこう言った。

「偉い人は、遺言なんかは遺さないから……」

なるほど、と思った。そして、ある符合を感じさせた。茂の三女である和子の夫・多賀吉もまた、亡くなる直前に洗礼を受けたと、飯塚カトリック教会の神父が教えたことがあった。

これは決して偶然ではない……。

熱心な信者である和子の独断であったのかどうかは、それこそ和子のみが知りえる話であろう。吉田は晩年、妻に先立たれてからは、和子がもっぱら付き添い、生活の面倒をみていた。離れ難い近しさがあったのは疑いない。

だが庭師は、死後洗礼という事実を、吉田を愛してやまない思い入れゆえに、こう言い表した。

「……誰があんなことにしてしまったのか……」

やはり吉田の生前を知る別の人物に尋ねても、「和子さんの影響だろう」と言う。

吉田が生前、周囲にカトリックの教えに帰依する決意を示したことはなかったようだった。

やはり吉田茂に縁のある者で、こう教える者がいた。

「吉田茂に汚職がなかったのは、四家のおかげですよ。竹内、麻生、吉田、牧野ね。この四人の支援があったから、吉田は汚職に手を染めずに済んだんです。すぐそばに河野一郎の別荘があるでしょう。吉田さんはとにかく河野が嫌いだったけど、その河野はカネがないから、つねにそうした醜聞にまみれていた。でも、吉田には四人がいたから。カネには困らなかったから」

竹内も麻生も、そして茂が養子に入った吉田家も、いずれも炭鉱や鉱山経営で身を興し、そのヤマで財を成している。吉田の妻・雪子は牧野伸顕《のぶあき》の娘で、牧野は大久保利通の子である。大久保家もまた、薩長土肥の門閥華やかな明治政府の鉱区開放後に、その商業権益によって資金の潤った門閥政治そのものから恩恵を受けている。

そもそも一八七三年（明治六年）の岩倉遣欧使節団の帰国後に、「殖産興業に関する建議」を国会に提出し、官業の民間への払い下げを推進したのはほかでもない大久保利通だった。ヤマが開放され、安く払い下げられていくのはこのあとのことである。大久保は民間払い下げに先鞭をつけた人物ともいえる。

「四人のおかげですよ」という言葉は、私にはそのまま、「ヤマのおかげですよ」と置き換えられるようにも聞こえた。

のち、娘の和子が一冊の本を著す。その『父　吉田茂』の中にはさりげなく、しかし含蓄の深いこんな逸話が記されている。和子がこれを記したのは一九九三年（平成五年）、茂が死去してから二六年後のことで、和子自身もすでに齢《よわい》七六を数えていた。

「もう時効ですからお話ししてもいいかと思いますが、父の個人的な政治資金は麻生家から注ぎこんでいたものでした。

父のところにいくお金について、主人は二重帳簿をつけていました。お金をつくるためになにかを売る場合、ないしょで売って、売ったお金が父のほうに流れていることをつきとめられないよう二重帳簿につけます。

ところが困ったのは、なにかというと父が小切手を使うことでした。イギリスではなんでもかんでも小切手でしたからその習慣が抜けなかったのでしょうが、父が個人的に援助している人たちに差し上げるというようなお金を小切手で切られてはこちらが困ります。小切手を切るのには元手がいるわけですが、その元手がどこからきたのかとさかのぼって調べられると、資金源が麻生だということがわかってしまいます。こちらは父の銀行の口座にわからないようにちびちび振り込んでいました。……

ばかをいっているわけではなく、ほんとうに父はお金を持っていなかったのですが、のんきな人でしたからどこからお金が入ってくるかということは気にもとめていなかったのではないかと思います。

『とにかく麻生に任せてあるんだから、そんなこと知らないよ』

などといっているのですから、じつに結構なご身分です。

なにぶん父は、吉田家から受け継いだ一財産を若いうちにさっさと使いはたしてしまった人です。」

竹内家から吉田家に養子に出された茂は、商社を経営していた養父・健三の死去とともに、当時の金額でおよそ五〇万円、現在では二〇億円近くになんなんとする巨額の資産を

吉田茂の実父、竹内綱が開発した遊泉寺銅山精錬所の町並図の碑。最盛期には5000人が生活していたという

相続していた。そのほとんどを使い果たし、さらに三女の和子が嫁いだ麻生家が全面的に資金援助をしていたのだった。

時効とはいえ二重帳簿とは穏やかでないが、和子によれば、茂が総理大臣就任中に、麻生家の財産は「およそ半分ぐらいになったのではないか」という。

吉田茂の生家・竹内家もまた炭鉱や鉱山の経営で財を成し、晩年は娘和子が嫁いだ筑豊の炭鉱王の財で政治活動を支えられた。

炭鉱経営という汗の上に竹内家も麻生家もあり、そこに吉田茂が政治家として生きながらえたのだとすれば、ヤマあっての吉田茂がいたこともまた、偶然を超えた歴史の必然であったようにも見える。

その吉田茂が没した燦々《さんさん》ときらめく銀燭の部屋に立ち、私はヤマが導く縁の広がりに困惑さえ覚えた。そして、汗ばむほどの陽気となった秋晴れの空を仰ぎ、「金の間」「銀の間」へと続く、見えぬ道を睨んだ。その道は北陸へと誘っていた。

〝裏日本〟北陸に、石川県小松市がある。そこに、いまとなっては消えた道がある。

日本海から内陸へ進み、山へと踏み込んだ遊泉寺銅山を、いま訪れる者は少ない。

銅山そのものはとりたてて珍しいものではないが、県内の者にとって、遊泉寺銅山よりも、遊泉寺銅山から山沿いに福井へと近い尾小屋《おごや》鉱山のほうが知られた存在となっている。

その尾小屋は、かつて加賀藩の財政を支える御用山であったことから、豊富な資料が集められた資料館が残されている。それに比べ、遊泉寺銅山は山中、ところどころに真新しく整備された看板が逆に淋しさをかもしている。

いまに残る遊泉寺銅山の生活道

明治以降、遊泉寺銅山の採掘権を獲得したのが吉田茂の実父・竹内綱《つな》であり、のちにその経営権を得て事業を飛躍させたのが、吉田の兄であり竹内家の長男だった竹内明太郎《めいたろう》である。

地元、小松市や小松製作所によって、人の気配乏しい場所に物々しく建てられた碑によれば、遊泉寺銅山の由来は次のようなものだった。

遊泉寺銅山の遺物「真吹炉」(銅鉱質の分析炉)

「……経営は当時の最先端をゆくもので明治四十年には鉱山から小松まで軽便鉄道を敷設し又、採掘を人力より機械化するために、神子清水発電所を建設し、精錬方法も溶鉱炉に、さらに電気分銅所を設置して、その規模を拡大した。大正五年頃には、純銅を生産する鉱山として、従業員も一、六〇〇人を数え、家族も合わせて五、〇〇〇人が住み、病院、郵便局、小学校、衣料や雑貨屋、魚屋、料理屋、質屋等軒をならべた鉱山町を現出した」

この遊泉寺銅山に向かう道は、初めて訪れるものには極めてわかりにくい。それはムラから外れた、その外側にあるのが理由かもしれなかった。

田んぼの畦《あぜ》を抜け、田が終わり、山に入る、その山の襞《ひだ》と襞とのあいだのわずかな隙間をかき分けるようにして、鉱山のマチが広がっていたのだ。驚くのは、明治大正年間に、病院や学校まで含めた一つのマチが、農村のムラの外に展開していたその様だった。

「……その後鉱脈の不足や第一次世界大戦後の不況などのため、遊泉寺銅山は大正九年閉山のやむなきに至った」(同所由来碑)

このヤマの歴史は、竹内家が経営に乗り出すよりも古い。江戸時代も後期に入る、一八〇七年(文化四年)にその礎を持つ。

明治の鉱区開放で、やはり九州、佐賀の芳谷炭鉱や長崎の高島炭鉱でヤマを経営してきた竹内家にしても、土地に縁のない日本海側の石川県のヤマをどのようにして得たのかについては、地元の研究者のあいだでも諸説入り乱れ、定説はない。

もちろん、佐賀や長崎でさえ、土佐の郷士出身である竹内家と直接の縁はない。いずれも単純に実利面の都合からだったとみられなくもない。しかし、芳谷や高島の各炭鉱は、やはり土佐出身の後藤象二郎が、どちらも明治政府とのツテによる情報の優越性を以って、鉱区獲得を有利に進めた気配が強い。

薩長土肥の門閥政府そのものだった明治政府が既得権益として放出する鉱区開放で、それを払い受ける者が単なる偶然から、と考えるほうに無理がある。

かつて小松工業高校の校長を務め、いまは石川県立尾小屋鉱山資料館の館長である清丸亮一は、一枚の紙を見せ、

遊泉寺銅山は、学校、社宅、ビリヤード、遊郭など、周囲のムラと関係なく、ヤマのマチとして完結していた

「これはあくまでも私の説ですが……」と丁寧に前置きしたうえで、こんな話をしてくれた。

「実は、石川県の初代知事だった岩村高俊と竹内家は姻戚関係にあるんです。そんなこともあって、石川県の銅山の情報が伝わったのではないかと思

います」

清丸が示したのは、竹内家と岩村家との関係を示す家系図であった。

初代石川県知事の岩村高俊の父・英俊の姉は、竹内梅仙と結婚し、そして吉田茂の父・綱が生まれる。やはり土佐出身の岩村家と竹内家とは極めて近い関係にあった。

岩村家もまた、門閥を背景にした立身出世を遂げる。高俊は石川県知事のほかに、福岡や広島の知事、さらには貴族院議員にまで上り詰める。その長兄の通俊は、初代北海道長官、農商務大臣、そしてやはり貴族院議員となる。次兄の林有造は、逓信大臣、農商務大臣、そして高知県知事などを務めることになる。有造の子・林譲治は、第二次吉田茂内閣で副総理の地位に就き、衆議院議長を任ぜられる。さらにいえば、譲治の子・遒《さすが》は岩村家、吉田家ともに同郷である宿毛《すくも》の市長となっている。

もちろん能力あっての立身出世が建前だが、一つの家系を手繰ってみても、明治という時代そのものが、いかにその能力を発揮するために門閥・閨閥《けいばつ》を必要としたかが透けて見える。

石川県知事を出した高村家と竹内家が縁戚関係にあったという、清丸の重大な指摘を措いて、さらに「日本海」と竹内家との縁を探れば、もう一つの奇縁に辿り着く。

吉田茂の父・綱は一時期、新潟の牢獄に囚われている。いわゆる「高知の大獄」の首謀者の一人とみなされたのだ。

高知の大獄は、薩長土肥で構成されていた明治政府の門閥間で政争が発生し、下野するかたちとなった土佐派と佐賀派が、政府側として残った薩長に政権奪取をしかけ、そして捕らえられた事件である。

その直前、竹内綱は、勤めていた大蔵省を辞職していた。

こうした流れの中で、江藤新平は、佐賀県庁を占領する暴動事件を起こす。江藤は結局、高知に逃亡中に捕まり、死刑となる。そして、その高知では、県知事を務めた林有造や板垣退助が立志社としてまとまり、武力による明治政府打倒を画策していたとされていた。

ここで、林の不穏な計画に、綱が絡むことになる。

林らは立志社を中心に土佐から武力蜂起を目論み、実際に武器の確保に走った。

「……これを実行に移すためには、何よりも武器、特に小銃が必要である。……岡本健三郎を訪ねて、ドイツ製のシュナイダー銃三千挺を購入するよう依頼した。岡本は竹内綱の協力を求め、竹内の奔走によってジャーディン・マジソン商会を通じ八百挺の小銃が確保されたが、三千挺の方は資金不足のためのびのびになっているうちに、薩軍は熊本城の攻略に失敗して、敗勢顕著となった。」（猪木正道『評伝　吉田茂』）

さらなる劣勢を挽回しようと画策に走ったのか、一八七七年（明治一〇年）八月八日、林有造はポルトガル人と会うために、竹内綱の屋敷に向かおうとしたところを逮捕される。

そして、林逮捕の翌年、四月に綱も逮捕となった。すでに大蔵省を辞職していたこの時期、竹内は長崎での炭鉱経営に専念していた。

竹内が長崎・高島の高島炭鉱を後藤象二郎と経営していたのは、一八七四年（明治七年）から八一年までの七年間である。逮捕された七八年はまさに事業を軌道に乗せようと、東奔西走している最中のことだった。

綱はその長崎で逮捕され、東京に移送される。

そして取り調べられた。

「『お前は、土佐で挙兵を企てるため、岡本健三郎の依頼により、英一番（ジャーディン・マジソン商会）から小銃八百挺買入れのあっせんをしたであろう。』

『自分は岡本から英一番に小銃の有無を問い合せるよう依頼されたことは事実だが、西南騒乱の今日、小銃買入れ等のことは危険だと答えて断った。もし自分の言葉に疑問があるならば、英一番に聞いていただきたい。』」（「竹内綱自叙伝」『明治文化全集』第二四巻所収）

そうしたやりとりの末に、綱は「禁獄一年」を申し渡され、一八七八年九月一一日、新潟県寄居町の監獄に収監されることになった。

綱にとっては五男となる茂が生まれたのは、綱が収監されてからわずか一一日後の同月二二日である。長崎で逮捕された綱は、すでに茂を身籠っていた妻とともに神戸経由で東京に護送されたのだ。

それと前後し、捕らえられた綱を助けるために、綱の妻の世話をしたのが、茂の養父となる吉田健三だった。

政治学者の猪木正道は、そうした縁もあり、茂は吉田健三の東京の別邸で産み落とされたと、推測している。

ところで、竹内綱と吉田健三との交流について、猪木は次のように記している。

「竹内綱と吉田健三との関係は、吉田健三が明治五年（一八七二）に東京日日新聞の創刊に関係した頃からはじまったようだ。綱が高島炭鉱の経営に当って、ジャーディン・マジソン商会と提携した結果、二人の関係は一段と親密になった。吉田健三は明治の初年にジャーディン・マジソンの番頭を務め、退職後もこの商会の首脳ときわめて親しかったからである。」（『評伝　吉田茂』）

当時、マジソン商会は横浜に日本での本拠を構え、業態は今日の商社業務に近いものだった。林が竹内を通じて銃の購入を画策したのも、マジソン商会へのツテを頼んでのものだった。マジソン商会は、日本政府に売却する目的で英国製の軍艦までもを調達していた有力商社である。

竹内と吉田が最初の縁を結んだ東京日日新聞は、現在の毎日新聞のはるか前身に当たる。その創刊こそは、明治政府から竹内ら土肥出身者が締め出されたこととも無縁ではなかった。下野した人間にとって必要なのは言論であり、そこに互いの思惑が結びついたのだろう。

綱が遊泉寺銅山の経営権を手に入れたのは一九〇二年（明治三五年）だが、それに先立って、綱は同じ日本海に面した新潟県に収監される苦い経験を持っていたのだ。

収監されたとはいえ、それは決して今日のような鉄柵と高い塀に囲まれたものではなく、幽閉に近い状況だった。綱は監獄内にあった一〇畳と六畳との二間ある一軒家で過ごすことになる。

綱はこの時間を利用し、英文の図書を含めて読書に勤《いそ》しむ。

捕らえられる直前まで、実業家としても辣腕を振るい、自ら長崎に赴いて炭鉱経営にその情熱を滾《たぎ》らせていた綱であれば、おそらく獄中にあっても、書物だけでなく、地の利を活かした情報収集を試みたとしても違和感はない。

綱は入獄の時点で、すでに長崎の高島炭鉱だけでなく、現在、軍艦島として炭鉱マチの代名詞のようにその名を残す、端島《はしま》での炭鉱経営も行っていた。

すでに採掘の歴史がある炭鉱の経営権を買い取るという、それはあくまでも「開発」ではなく、「経営」なのだ。当時、鉱区の売買はときにある種の投機性を孕《はら》み、それは政治力を背景にした財力のある者に許された、官業払い下げを受けることのできる、いわば「天下った」作業という側面も強かった。

金属鉱山にしろ炭鉱にしろ、明治政府による鉱区開放によって、それは株の売買による現代のマネーゲームと似てさえいた。ときにその有力鉱区の転売と経営は、多大な利鞘を生み、ファンドビジネスに近い状況をも生んだ。

明治政府の鉱区開放によって市場化されたヤマの売買は、それこそ現在のヒルズ族さながらに、有力資産家によって経営権売買そのものをビジネスに変えたのだった。

その中で、綱は経営権を得た場所で、あくまでも実業を営もうと試みる。

その目は、九州という、当時でいえば鉱山経営の中心地に向けられていた。鉱山があったとはいえ、まだまだ裏日本という辺境の空気が色濃かった日本海側や、さらには北海道まで、綱はまだその触手を伸ばしてはいない。

だが、新潟監獄から釈放後の綱は、一八九三年（明治二十六年）にはついに北海道・大夕張炭鉱での採掘を開始し、「開発」に乗り出すことになる。その九年後、竹内鉱業株式会社は、遊泉寺銅山の経営権を取得した。

ヤマの開発は、おそらく経営よりも難しい。それは遊泉寺銅山によって形作られた、ヤマの中のマチこそが、その意味のすべてを物語っていた。

石炭にしろ鉱物にしろ、採掘されたものは、そこから流通に乗らなければ財を生まない。マチをつくり、それを鉄道や道路でムラにつなげ、港のあるウラ（浦）から船に乗せ、搬出して初めて商品としての価値を持つ。

そのために明治以降のヤマにはまず鉄道を通し、電気を通すというインフラ整備そのものが求められた。それは裏を返せば、まるまる一つの自己完結型の都市開発が必要なことを意味する。

しかも、ヤマという一つの自己完結型の社会でそれを実現しなければならない。

さらに終戦後もなお、ヤマで働く人々に対するムラの目は厳しい。閉ざされた社会でありながら、そこにムラを突き抜けた流通という一本の生命線を通し、さらにその内側に自給自足の要請を満たすマチをつくらなければ、鉱山にしろ、炭鉱にしろ、ヤマは成立しなかった。

遊泉寺銅山の実際の経営に当たったのは綱の長男である竹内明太郎だが、明太郎の手腕で、実に五〇〇〇人もの人々が山襞の奥へと伸びる巨大な集落をつくった。

その閉ざされたマチには、貫くように流れる一本の細い川があった。それは川と呼ぶにはあまりに細く、せせらぎにも小川にも見える。土地を削り、もっとも低いところを流れるのが川であれば、そこはまさに、峰々のうちにもっとも低く窪み、そして奥にあったことの、何よりの証左であった。

吉田茂は東京・青山霊園に眠る

産業の勃興が偶然であっても、その定着には当然の理由があるように、企業の発祥もまた偶然では割り切れない十二分な意味を孕んでいる。

炭鉱や鉱山で必要となる機械を開発する中で、竹内鉱業の機械部門だった唐津鐵工所と小松鉄工所が独立する。そして小松鉄工所は、重機分野で世界的なシェアを獲得した小松製作所の前身となる。一九一七年（大正六年）一月のことだった。

その経営を継いだ竹内綱の長男・明太郎は、当初、工作機械や冶金製鋼の技術を吸収するために、有望な技術者を何人も欧米の大学や専門企業に派遣している。ちなみに小松製作所の創設から遡ること三年前、明太郎は総選挙で初当選している。五五歳で、経営者にして代議士となったのだ。

そのさらに二年前には、竹内家の故郷である高知で、現在の高知工業高校の前身となる私立校を設立していた。石川県小松市で遊泉寺銅山の経営に携わってもいた縁から、現在まで、この高知工業高校と小松工業高校の姉妹校交流も続いている。

明太郎は、高知工業高校の創設計画に前後して早稲田大学理工学部の創設計画にも参加し、資金面に加えて教員など人材供給でも大きく貢献したとして、のちに早稲田大学から感謝状を贈られる。

当時、早稲田大学理工学部は、機械、電気、採鉱、建築の四つの学科で構成されていた。採鉱学科があったことは、いかにも時代状況を反映していた。

現在、国公私立を問わず、日本で鉱山学科や採鉱学科が残っている大学はない。鉱山が多く、戦後まで多くの人材を供給した秋田大学や東北大学、さらには東京大学でも、今日、すでに鉱山学科はその名をとどめることなく姿を消した。

遊泉寺銅山のあった山中、細い川のはるか先、原生林のごとく高く生い茂る木々の合間に道は消えていく。ウグイスの鳴き声が左右から響く。かつて巨大な鉱山都市として栄えた名残は、小路の脇に不自然に隆起して生える大きなシダの根を払えば、至るところで露《あらわ》になる。古代遺跡さながらの、隙間なく組まれた石の土台が、そこにどれほど堅牢な建物があったのかを見えずして映していた。そして見事に人の気配を失った、閉ざされたマチの閉ざされた記憶を辿る唯一の糸であるかのように、小さな流れだけがさらなる時間の奥へと、導いていく。

その日本海の小さな流れは、遠く太平洋・大磯の「金の間」「銀の間」へとつながっているように思えた。

「金の間」「銀の間」の道——外伝

筑豊の空あちこちにそびえていたボタ山のほとんどはブルドーザーで均《なら》され、住宅団地へと姿を変えた。わずかに残るいくつかのボタ山は、それがボタであると指摘されなければわからないほど、木々が盛り、緑の下草に覆われている。ボタの痕跡が完全に消えようかという二〇〇八年（平成二〇年）、吉田茂の孫、麻生太郎が第九二代総理大臣に就いた。

日本の鉄鋼産業を下支えした石炭採掘で名を馳せた筑豊・飯塚こそが麻生家を育んだ地であり、麻生太郎のルーツである。吉田茂を祖父に持ち、元総理大臣・鈴木善幸の娘を娶《めと》り、宮家・三笠宮家と縁戚関係を持つ閨閥の華麗さは、政界随一といえる。

石炭産業で〝筑豊御三家〟の一角を占めていたといえば聞こえはいい。しかし、グループ企業六〇社強を抱えるまでに膨らんだ麻生グループが、あくまでも地方財閥にとどまる姿は、麻生家の歴史そのものが予言していたようにもみえる。

明治政府によって鉱区が設定され、石炭の採掘が旧藩単位での藩業から国策に移されたのち、筑豊には、住友、三井、三菱、明治平山、日鐵といった明治政府と強力な結束を持った大資本が流入する。それまで福岡・黒田藩のもとで裁量の赴くままに石炭採掘をしていた麻生家は、中央資本の流入の中で生き残りを図る。

「要は資本の力では三井や三菱にとても対抗できなかったわけだ。麻生は筑豊御三家だといっても、しょせんは筑豊の御三家だから。いくら石炭で成り上がったとはいえ、結局は庄屋上がりで、石炭は結局、資本力が決定的にものをいう。石炭産業は大規模に掘れば掘るだけ商売にはなるけれど、そのための人件費や設備投資は、たいへんな負担になる。しかも、それが決して百発百中ではない。掘り進めた石炭の脈が途中で途切れてしまうこともあるし、埋蔵量はまさに掘ってみるまではわからない、まあ、バクチ商売なんだよ。バクチなんだ、石炭というのは結局。だから、そのためにも投資の額はどうしても嵩《かさ》んでくる。そこで明治以降、筑豊に財閥が入ってくると、自分たちが生き残るために、麻生家は、より良質な鉱区や脈のよさそうな場所を住友や三井に売っていったわけだ」（元九州通産局幹部）

石炭が斜陽化する昭和三〇年代以前から、筑豊御三家はすっかり勢いを失い、筑豊はすでに中央財閥による「大ヤマ」が鉱区の多くを仕切っていた。明治以降、麻生家もまた、「決して、大ヤマとは呼ばれない規模に墜《お》ちた」（麻生鉱業の元従業員）。

のちに全盛を誇る住友忠隈炭鉱や三井山野炭鉱は、もともとは麻生家から買い上げられたものである。埋蔵量の豊富さを先読みした鉱区の売買は強い投機性を孕んでいた。「バクチ商売」という言われようは、決して大げさではなかった。

麻生家が吉田茂の三女、和子を迎えるのは、明治以来の地元資本の天下がピークを迎える第二次大戦前である。吉田茂の愛娘の嫁入りは、炭鉱成金の露骨な閨閥づくりとして、当然、筑豊の人々の口端を賑わせた。

「麻生さんちの正門の脇には井戸がありまして、そこの井戸でまず家の人がおっきな樽に水をいーっぱい汲むんです。それをリヤカーに乗せて待っていると、屋敷の中から和子さんが真っ白な馬にまたがって出てこられました。頭には羽飾りがついたきれいな帽子をかぶってました。それで馬に乗った和子さんが出てくると、その前を樽を積んだリヤカーが先導して、まだ舗装もされていない砂利と土だけの道にひしゃくでバシャー、バシャーと

水を撒くんです」（飯塚市在住の永井龍雄）

いまもまだその井戸は、飯塚市の麻生家の正門に向かって右手に残っている。

「私も偶然に見たことがあって、驚きましたね。いったい何をしているのかと思ったら、要は土埃《つちぼこり》が立たないように、和子さんの馬が通る前で水を撒いているんです。先払いというか、露払いというか。その後ろを、スッと背を伸ばした和子さんが見たこともないきれいな帽子をかぶって、真っ白な馬に乗って散歩するわけです。それを見て、『ひゃー、やっぱり吉田茂の娘さんなんだなあー』って、やっぱり思いましたよね。で、私らはそれを横目に見ながら、ヘルメットかぶって、石炭掘りに毎朝、地下に入っていくわけです」（永井龍雄）

麻生本家前で当時の光景を説明する永井龍雄氏（福岡県飯塚市）

対馬　厳原―樫根―青海

元寇の道

韓国
釜山
対馬
壱岐
福岡空港
博多港
長崎県
長崎市
五島列島

韓国展望所
異国の見える丘
展望台
上対馬町
上県町
青海
(藻小屋)
峰町
豊玉町
対馬空港
美津島町
元寇襲来の地
小茂田
厳原
樫根
(日本最古の銀山)
厳原町

対馬《つしま》の夕暮れは早い。島とはいえ、対馬はのっぺりと伸びているわけではなく、むしろ険しい山襞《やまひだ》が這うように覆う場所だからかもしれない。

気づけば、いつのまにか、深い闇があたりを支配していた。

その山襞の奥、ひときわ冷たい風が吹き上がってくる穴に目を奪われていると、ゴリッと足が何かを砕く音がした。人里離れたその谷の奥に、おそらく人が入ってくることはいまはもうないのだろう。目を凝らせば、鹿のものだろうか、白骨化した頭蓋骨が転がっていた。動物のものだとはわかっても、なぜか、決して穏やかな最期を迎えたものとは思えなかった。かつて「悪水谷《あくすいだに》」と呼ばれたこの谷に逃げ込み、命果てた者たちの姿がそこには重なった。悪水谷を下った、遠くない先に、元寇の戦場となった小茂田《こもだ》の浜があった。

静寂の中に浮かぶ川の音が、元寇の道をいまにつなぐ。

「銀、初めて当国に出づ」

日本書紀にそう記された場所が、いまも対馬には残っている。対馬の玄関口である厳原《いづはら》から、深く高い山を越えていった先にある、西の集落だ。

対馬在住の郷土史家、永留久恵は「千人坑」と書き「せんにんまぶ」と呼ばれる場所があったと示し、対馬歴史民俗資料館の館長は、かつてその土地の観音堂裏手の山の斜面に、古くに掘られた小さな穴が残っているのを見たことがあると教えた。

そこは樫根《かしね》という集落で、「銀本」と書き、「かねのもと」とも呼ばれる。

日本で初めて銀を産出した「東洋一の鉱脈」は、その土地の地下深くに眠っている。

大江匡房《おおえのまさふさ》は、「対馬国貢銀記」にこう残していた。

「島中には珍貨充溢し、白銀、鉛、錫、真珠、金、漆の類は長く朝貢となす。其の銀を採るの地、きわめて険難となす。多年壙を穿ち中漸く深く、口より底に入ること二三里ばかり。日月の光これを照すを得ず。三人手を連ねもって一番となす。一人燭を乗り、萩をもって束となし、里ばかりの間消えざること久し。一人は採器をとり、一人は時に鎚をもってこれをとる。鼓輩雑入、常に三人を法とす。」（『群書類従』巻第五百雑部五十五）

対馬は九割近くが山岳地帯である。

そのため田畑に使える面積は極めて小さく、米の献上が容易ではなかった。鉱物資源が

日本最古のヤマ、対馬・樫根の古い坑口

採れたことで、対馬は幸いにも救われていた。

対馬は山の島である。まさに峠と呼ぶにふさわしい山道を抜け、車のナビが画面に青い筋を写し出したかと思うと、大きな川にぶつかる。そして、川沿いを走る国道の向こう側、山裾の崖に、それこそ巻きつけるようにして錆びた鉄のパイプが延々と張りついている。ほどなく一本の小さな橋が見え、それは東邦亜鉛の敷地へと渡していた。

背後には、見たことのない、ねずみ色にくすんだ砂の山が、自然の山の斜面に寄りかかるように高く高く積まれていた。採った鉱石を選鉱して廃棄することになったズリ石の山であろうことはひと目でわかった。

おそらく私は銀本とも呼ばれる樫根の集落に着いたのである。しかし、そこに人の気配はない。

銀山神社へと渡すもう一つの橋を渡り、集落に入った。見慣れぬ小さな村の小さな道を、観音堂のある法清寺へと導かれていく。

法清寺は、対馬歴史民俗資料館の館長が観音堂の真裏に古い坑口の跡を見つけたと教えた、その寺である。

一九三九年（昭和一四年）に東邦亜鉛が鉱区を買い取って操業に乗り出す以前は、あたりのヤマは白川隆彦という人物の所有となっていた。白川は土佐出身である。明治以降の薩長土肥の門閥の中で、土佐・高知の人間が、対馬の鉱区まで押さえていたのにも驚かされる。白川はしかし本格的な採掘は行わず、ヤマそのものは東邦亜鉛がそこを買い上げるまでは放置されていたに等しかった。

樫根こそ、日本でもっとも古く銀が採掘されたヤマだった。そこから川沿いに国道をまっすぐ行けば、かつて幾度も元寇の襲来を受け、戦場となった小茂田の古戦場に突き当たる。

海岸に近い樫根もまた、そのたびに荒らされてきたのだった。

「寛元四年（一二四六）、宗氏が阿比留氏にかわって、対馬を支配後、最初の試練は、文永十一年（一二七四）の蒙古の来襲であった。総兵力二万五千の蒙古軍は九百余艘の軍船に乗り、朝鮮の合浦（馬山付近）を出港したのは、文永十一年（一二七四）十月三日のことであった。翌々日の五日、対馬の海岸一帯は侵略を受けたのである。

対馬の宗氏一族は、蒙古の軍勢と対馬の各地で奮戦したが、ついに討死をした。主戦場の小茂田浜では、目代の宗助国とその輩下の八十余人は、矢つき刀折れて、到々全滅してしまった」（日野義彦『対馬拾遺』）

銀山神社の「大刃塚」に加え、同じ樫根の集落にある法清寺の境内には、その元寇の戦《いくさ》で命を落とした対馬藩当主家の宋助国《そうすけくに》を弔った「御胴塚」や、「御首塚」がある。それはまさに、そこが元寇による戦への道、戦からの道であったことを意味している。

その御首塚のすぐ脇に、目指す観音堂は見つかった。

堂の裏手はすぐに急峻な崖のような山になっていて、足元の草は日陰だというのに丈が高い。それを踏みしだくと、その下にはまるで足かせのごとく木の枯れ枝が足を吸い込み、ときには太い蔓のように足先にまとわりついてくる。

山の斜面に古坑の跡が、と言われたものの、山肌さえ見えない。

夏の午後六時はまだ明るいはずだと思ったが、山間の集落では、陽が落ちずとも夕闇の訪れは早いのだった。

雑木をかき分けながら、とにかく観音堂の真裏をまっすぐに、正面を睨み続けると、薄暗いその山肌に、さらにひときわ暗い部分がある。

転んでもいい覚悟で、一気に勢いをつけて駆け寄ると、高さ一メートルあるかどうか……黒々とした穴に、空気が吸い込まれていた。

頭上には、一〇メートル近い大木が立ち、岩肌に堅いうろとなった根を曝《さら》している。それがまた、ちょうど穴の真上にあって、根をかき分けるようにしてその穴が奥へと続いている。

偶然にしてはあまりにできすぎた光景に、それは古い時代に坑口を印すためにあえてそこに種を落とされたか、植えられた木ではないのかと思わせる。木は小さな花をつけているようだったが、本州の山ではあまり見たことのない木である。

しかも、周りの山肌の木々とは種類が異なっている。その木は一度目に触れれば、その異質さゆえに目立つ。

かつて鉱山師《やまし》は、鉱脈を探すために、こうした山肌の露頭を丹念に、それこそくまなく這って歩いた。

よさそうなところは、他人から容易に発見されてはならず、同時に、自分だけは再び訪れることができるように印しておかなければならない。

夏になれば、いまのように間違いなく深い下草と茂った緑で、山肌はあたりを同じ緑の景色に染め抜いてしまう。

誰にも気づかれることなく、しかし自分にだけははっきりとわかる印があるとすれば、そのために植物は最適かもしれなかった。

それにしても、穴は奥まで深そうだった。あたりにあった石を投げ入れてみれば、ずいぶんと奥まで転がっていく。それも、目に見える範囲でも、穴は間違いなく人の手の入ったものだった。

穴の天井は、おそらく鉱石の脈に沿って削ったのだろう、すべて斜めに鑿《のみ》が入り、その傾斜に沿うように穴もまた斜めに地下へと下りていくのである。

はたして光が届くだろうかと考えながら、カメラのフラッシュを焚き、後日、それを東邦亜鉛で働いたことのある人物に見せると、穴はやはり、「鉱脈は斜めに走っているから、それに沿って掘っているので、これはいわゆるタヌキ掘りの跡でしょう」と言う。

写真を撮って観音堂の表へ戻ると、観音堂と並んだ農家らしき家から一人の老夫が野良着姿で現れた。

観音堂の裏の穴の由来を一応は尋ねてみようと声をかけると、意外な答えが返ってきた。

「……ああ、あれか」と言うから、どうやら穴のことは知っているのであろう。

しかし、それに続いて奇妙なことを言う。

「あんなものは、寺の住職が冷蔵庫代わりに掘ったもんで、ヤマの穴とは違うから」

山肌の自然穴を冷蔵庫代わりに使う習慣は、信州などを含めて各地にある。その理屈はもっともに聞こえる。

しかし冷蔵庫代わりに掘ったにしては、ずいぶんと古そうで深そうな穴だった。

その答えは、よそ者で、夕刻に人けの少ない集落をうろつく奇妙な訪問者に対して何かを隠しているようにさえ感じさせる。

対馬歴史民俗資料館の館長や、宿の女主人が言っていた。

「あそこは、〝イワナイイイワナイ病〟というのがありましてね。病気があるだろう？　って聞くと、みんなナイナイって、言わないんですね。それでイワナイイワナイ病」

イワナイイイワナイとは、カドミウム汚染によるイタイイタイ病にかけた物言いである。

樫根は戦後の一時期、鉱毒によるイタイイタイ病が発生したとして、対馬だけでなく、本州や九州からも耳目を集めたことがあった。

戦後一九六〇年代は、労働者の権利意識の高まり

鉱脈探しの試掘の跡（通称タヌキ掘り）

とともに労働環境やその周辺環境への影響に目が向き始める。同時に、高度成長を背景にした国土挙げての増産態勢の歪みが顕在化し始めたころでもあった。

そうした時期、ヤマのあった場所を中心に、全国各地で鉱害問題が噴出する。

集落の人々が「イワナイイワナイ」のは、無理もなかった。

東邦亜鉛が閉山したのは七三年のことである。

樫根や近くの佐須《さす》の集落は、この東邦亜鉛があって、何よりもヤマがあることで生活と経済がすべて成り立っていた。ヤマを掘ることでカドミウム汚染があろうとも、それはすでに古くからある程度了解されていた話でもあったのだ。

館長は、樫根の集落をかき分けてさらに山の奥へ入っていくと、こんなふうに呼ばれているところもあると言った。

悪水谷――。

「アクスイダニなんて言われていたぐらいだから、やっぱり鉱山の水は駄目なんだということは古くからわかっていたのではないでしょうか」

錫や鉛の含有量に優れていた鉱脈であるがゆえに、その山肌に浸潤して里で湧く川は、当然、魚の棲めないものとなる。

それでもなお、ヤマがあるからこそそのムラの経済であり、ヤマとしての集落が維持できる。

元来、対馬では、そうした鉱脈を抜けた水が湧くことも影響していたのかもしれない、米作では豊饒の土地ではなかった。だからこそ、鉱物資源の採掘に目が向き、そしてもっとも早くにそのヤマに鑿が入ったのである。

そして樫根こそは、ムラがヤマへと変貌した、あるいはムラの外にヤマができた近世の日本のヤマ史よりもはるかに古い、日本最古のヤマそのものだったのだ。

その土地には、こんな遊びが伝えられている。

「対馬では子供達のあそびの『かくれんぼ』の鬼を『モウコ』とよんだ。モウコから見付けられないように、逃げ隠れて遊んだと古老は話す。佐須のオトウマツリも、これに似た行事といえよう。また子供が泣きやまないと、母親は『モウコがくっぞ（くるぞ）』といって叱ると、泣く子は即座に泣き止めたり、泣き声をひそめたりも

悪水谷　樫根の集落の奥地の山中にある。管は地下深くの坑道に溜まった鉱毒を含んだ水を"回収"している。鉱毒の水は、いまも近くの貯水池で濾過処理されている

密封された坑口

のであった。モウコとは泣く子供にとって、どんなことを意味するか知る筈もなかった。恐しいなにかがあることは、対馬の子供の心に受けつがれていった。そして大人になっていったのである。」(『対馬拾遺』)

　子供たちに早くからその警戒心の芽を育てるほどだから、大人たちの警戒心は当然、それ以上だった。

「対馬の方言の中に、国境の島らしい挨拶の言葉が使われていたが、いまは死語となってしまった。『オイザトナー』、『イザトウナー』であり、略して『ザットウヤ』、『ザットウ』がそれである。『サヨウナラ』の別れの言葉にあたる。

　この言葉の解釈として、『ザットウヤ』の『ザットウ』は『座遠し』また『里遠し』で『お

樫根のヤマが祀っていた山の神神社

互いに里遠くなりますね』という人がいる。『オイザトナー』の『オ』は敬語で、『イ』は『寝』であり、『ザト』は『聡う』又は『敏く』であり、『寝ていても、聡くしなさい』、『目をさますことが早いように』という意味と教えられ、それを受けとめて、対馬の者は育てられ、生きてきた。

別れの挨拶に『目を覚ますことが早いように』と声を掛け合う地方が他にあるだろうか。何に、また誰に対して『オイザトナー』であったのであろうか。この言葉には、深い意味がこめられていたのである。対馬に住む人々は、寛仁三年（一〇一九）の刀伊の来寇、元寇の時ばかりでなく、しばしば外国の侵略を受けたかなしい歴史をもつ。野良帰り等の別れの挨拶に、誰いうとなく、異変にそなえ、物音でもすると、すぐ目を覚まして用心しなさいと云いあったのも、偶然の思いつきではなかった。」（『対馬拾遺』）

そんな土地である。夕闇紛れに、観音堂の真裏にあるタヌキ堀りの様子を尋ねたのだから、不審がられるのも無理はなかった。

東邦亜鉛による閉山後、すでに樫根の集落は長い復旧事業を経て、土地には豊かな稲が実るようになっていた。

かつてのヤマがもたらした負の側面を必要以上に強調されては、生活にも影響してくる。

集落の外れ、庭先の畑で作業をしていた老婦人に声をかけると、もっとも大きくて古いものは、川沿いを上がった先にあると言う。川床が露《あらわ》になった、言われた筋を辿ると、その川にまるで注ぎ込むかのように、大きな穴が開いていた。

人の背丈の二倍ほどはある。しかし、それは間違いなく自然の洞穴ではなく、人の手が入ったものであることがわかった。穴の入口は鑿を入れた跡だろう、ほぼ四角に整えられていた。

かつて対馬藩を治めた宗家の殿様が坑内を視察するために、馬に乗って入ったと伝えら

樫根に残る東邦亜鉛の幹部宿舎「若嶽寮」

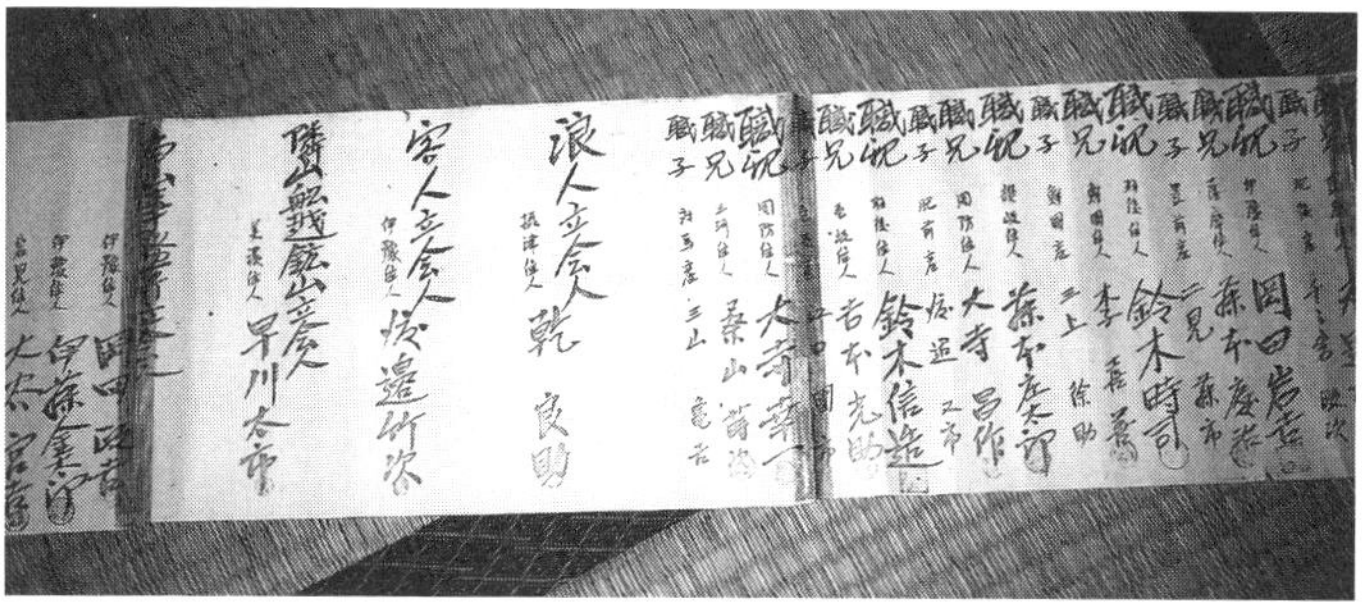

対馬に残る鉱夫免状。職親、職兄、職子の組み合わせがあり、薩摩、肥後、伊予、羽後、壱岐、朝鮮、周防など各地から鉱夫が集まっていた

れる坑口である。そこは馬に乗った殿様が頭をつかえることのないように、ひときわ高くまで坑口を広げたと伝えられるように、たしかに周囲の山々谷々の坑口よりもひときわ、何倍も大きく、その口は広い。

そしてその穴は、闇の中で、さらに深い闇への口を開けていた。

川床と同じ高さ、地面よりも一段低い場所にある坑口に下りようと、錆ついた鉄の階段を下り、足元のしっかりした場所を確かめながら、わずか一メートルばかり進み、じっと闇の奥を凝視した。懐中電灯を携えて坑の奥まで進めば、壁面は奥へと進むほど、キラキラと鑿の入ったまだらの壁面に銀の輝きを放ち、それは上、横と前後一面に広がっていた。

ヒグラシの鳴き声さえやみ、あたりを静寂が支配したその瞬間、不意に穴の奥からズーという音が向かってきたかと思うと、足の真裏を何かが突き上げてきた。

地底へと下りていく坑夫たちの姿に自分を重ねようと、あたりではもっとも古い坑口だと教えられた闇の奥に向かって、目を閉じていたからだろう。その音と足元の不意な拍動に驚き、思わず穴の外へと駆け出た。

するとそこには、真っ黒な管が何本か奥から這い、川に沿って山の上へ向かうものと、ふもとへ向かうものとで分かれていた。

どこからか空気が抜けているような、蒸気があるような、シューという音のようにも聞こえる。それに続いて、ボコボコッと管の中を液体が流れているのがわかった。

ポンプが定期的に水を汲み出しているようだった。

それはまるで、このヤマにつけられた延命装置のようにも思えた。

すでに掘られることの止まった仮死状態のヤマにつけられた、栄養を送る管が、定期的に音を立てている……。

坑口の底には、そんな太い管が四本も走り、銘々に脈打っていた。

しかし、それはこちら側の意思で止めることを許された延命装置ではなかった。

これからも未来永劫、そこに人が住み続ける限り、止めることの許されない、運命的な拍動である。地下深くの坑道に溜まった、鉱毒を含んだ水が地上に出れば、農業に、漁業に影響し、再び人々の安寧の時は妨げられることになる。水は完全に〝回収〟され、そして近くに設けられた貯水池で濾過処理されているのだ。

宮本常一の代表的な著作『忘れられた日本人』は対馬から始まる。

釜山から目と鼻の先にある青海の集落

日本列島の傾斜に並ぶようにして、南北一〇〇キロにわたって延びる対馬の、西の海岸沿いに青海《おうみ》の集落はある。そこは地元の人間にとっても、対馬の中でもとりわけ孤立した風情と、独特の文化を紡いでいる場所として知られていた。

両脇を崖と呼ぶにふさわしい急峻な傾斜に挟まれた、入江の中にある集落は、眼下にそのすべてが余裕を持って一望できる規模でしかない。

今日ほど、急峻な斜面がコンクリートで立派に舗装されていなかった時代、宮本はこうした対馬の小さな集落を渡るとき、船で海辺のルートを行った。

そうして、船で渡り継いで対馬の古い文化を調べに歩いた宮本は、対馬の集落が代々、その歴史や出

青海の浜に流れ着くハングル文字が記されたゴミ

来事を記し伝えている「帳箱」を求めた。対馬では、それぞれの集落ごとに「帳」を記し、それを箱に納めて密かに受け継いでいるのだ。

　それにしても、青海の住民は実に不思議な空気を放っていた。

　対馬でもっとも栄えているのは、対馬空港に近い南部、厳原の町である。島とはいえ、一〇〇キロ近い距離があれば、文化や習慣、民俗が大きく異なってもいよう。

　青海の里に入っていくと、集落への来客がよほど珍しかったのか、わずかな大きさの畑のあいだや、人家の軒先から人々がこちらをじっと見つめていた。たしかに観光施設らしきもののないこの集落にわざわざ分け入ってくる者などありはしないのだろう。

　身体を動かさずに、しかしあたかも首だけを動かすかのように、だが決してこちらから逸《そ》らすことのない鋭い眼差しに、私の中で、草原に生きるある動物の姿が重なってしまう。

プレーリードッグと呼ばれ、後ろ足で立つその様は愛嬌ある姿として受け止められるが、それは生存をかけた真剣な警戒心の象徴にほかならなかった。

浜辺に立てば、波打ち際に寄せる漁具やビニールなどのゴミの山に驚かされる。それが青海の人々のものでないのはむろんのことだった。ほとんどすべてにハングル文字が印刷されている。なるほど、ここはやはり日本よりも韓国に近い島なのだ。

対馬は、北部の西の浜辺はとりわけ韓国が近い。空気が澄んだ晩は、海の先に韓国・釜《プ》山《サン》の灯が見え、釜山の夜景は絵葉書として対馬土産にもなっている。

青海の里からも、空気の澄んだ穏やかな夜には、釜山の灯が山の上から見えるはずだった。

国境を長く意識し続けてきた人々が、見慣れぬ者に強い警戒心を抱くのは当然の心理だ。対馬は、日本史の中ではヤマの場所としてよりも、むしろたびたび元寇に見舞われ、そして戦いの舞台となった場所として知られていた。

また逆に、豊臣秀吉の朝鮮出兵などでは、その基地となりもした。

対馬出身の識者から、こんな話を聞かされたこともあった。

「対馬は、そうした地政学的な意味もあって、日本でももっとも早くから高い識字率を誇っていたんです」

幾度も生活の安全が脅かされてきた経緯から、情報伝達の必要性は高い。そのために民衆のあいだでの識字率も高く、それが「帳箱」文化につながったのではないかと言われれば、それも説得力があった。

当然、対馬には現在も、朝鮮文化と日本文化とのあいだで、起源をめぐって互いに主張を譲らない人々がいる。対馬は元来が朝鮮の人々が住む土地であり、地名の由来の多くは朝鮮語に起因すると主張する人々や書物も少なくない。

しかし、対馬の山の生態系や人々の生活様式はあくまでも日本本土に近く、「対馬が本来は朝鮮文化であったことは考えにくい。その痕跡は生活の中でもあまり見られない」という意見も、また根強かった。

島から見える距離に朝鮮があるのだから、朝鮮からも対馬がよく見え、そこに交流がないほうが不思議だが、ある晩私は、青海の里に案内してくれた、対馬に生まれ育った人々と厳原で酒を酌み交わしながら、やはりこんな話になった。

「ところで、対馬はこんなに韓国と近いのに、日本にとどまることができたのはどういうわけやろうか?」

「そうね……やっぱり、対馬の文化は韓国の影響よりもむしろ日本のものだね」

そんなやりとりの傍らで、少し前に永留久恵の自宅を訪れて耳にした話を思い出した。

対馬の文化や歴史について、いまや当代随一の研究家として知られる永留は、対馬を取り巻く海流の複雑さと、その強さについて、こんな話を披露した。

かつて永留が南の古い集落を歩いていて耳にしたものだという。

「その昔、能登まで流されたという話がありました」

永留がそんな昔話を始めたのは、自宅を訪れた私が、日本海側に見られる朝鮮文化の痕跡とも指摘されるT字墓の分布や神々の由来について私説を開陳したのがきっかけだった。

南の厳原ではなく、永留は青海の里に近い集落の出身だった。その〝うえのほう〟の話である。

「あるとき、漁師が船ごと流されてしまって、遭難したんだそうです。それでもう見つからなくて、村ではもう生きていることはないと思って諦めたんだそうです。それで葬式もやって、何もかもを終えたんだとかで。ところが、それからもう何ヵ月もあとに、ひょっこりその人間が村に帰ってきたということがあったんだそうですよ。対馬の周りの海流は、季節にもよりますけど、非常に強いんですね。だから間違って島根を越えちゃうと、一気に能登まで流されちゃうんですよ」

そんな永留の話をヒントにすれば、互いに見える距離にありながら、決してまとまった定住を促すほどにはならなかった原因と、生態系の独自さは、当然、海流が影響しているのではないかと思わせた。

そんな話をすると、「実は、青森にまで対馬の人間は到達しているんです。青森にも、あるところに、対馬出身者が集まっている村があるんですよ」と教えるのだった。

たしかに、青森には対馬(津島)姓の流れはある。

この海流の奇怪さは、昭和後期、対馬の鉱山にまつわるヤマの思い出としても、そこで働いていた人間に聞かされたことがあった。

鉱山を離れることになり、一家揃って港から見送られる。

まだ人間関係の強い紐帯《ちゅうたい》が残っていた時代のこと。港には、ヤマで働く仲間や会社の人間など大勢が集まり、盛大に送り出す。

船が港を離れ、波の向こうにその姿を消そうとすると、再び船が戻ってきてしまう。潮の流れで、船が港に押し戻されてしまうのだという。別れを惜しみ、名残に浸っている最中に、去ったばかりの人間が再び姿を現すのだから、人々は苦笑するしかない。

それほどに、ときに潮が複雑で強いのだ。

他方で、対馬は韓国・済州島《チェジュド》よりも朝鮮半島に近い、もっとも外国に近い日本であるという言い方もしっくりくる。

朝鮮側にとっても、それは不思議な光景であることは間違いなく、ときに韓国の子供のあいだでも、こんな冗談話が交わされるのだという。

「なんで、済州島よりも韓国に近いのに、対馬は日本なの……」

青海の里で遭遇したのは、人生の痕跡をあえて残そうという意識は微塵も感じさせない、静謐《せいひつ》な生をまっとうしようとする空気だった。畑の中から、家々の軒先から、路上から、決して逸らすことなく私の背に注がれ続けた眼差しは、海の先、わずかの距離に見える朝鮮からの渡来を警戒し、集落を護り続けてきた血脈の長さを、その佇立《ちょりつ》した姿の向こうに感じさせた。

そんな人々が護り続けてきた帳箱は、いまとなってはもはや見ることは不可能に近かった。

それは次のようなわけだった。

「何度か見たことがあります。でも、それもう、なかなか……。出さないですよ。なにしろ、宮本常一以来、多くの学者がやっぱり出入りしましてね。それで、帳箱を見せてくれ、貸してくれで持っていってしまって、それっきりになってしまっているのがいっぱいあるんです。それで、みんな不信感を持って、警戒してしまったんですね。いまでは集落のどこにあるのか、誰がどういう管理をして引き継いでいるのかさえ、ほとんどわからなくなってしまっているんです。教えてくれないんですね」

古くは対馬を治めた宗家の家老をその祖先に持つ、土地にとってはそれ以上の信頼はない家筋の、対馬歴史民俗資料館の館長にして、難題だと洩らすのだ。

「宮本常一だけが、ちゃんと借りた帳箱を返しにきたなんて、そんな話が美談として各地に残っているんですよ。それが美談になってしまうくらいに、その後に荒らされてしまって、それで学者だろうが研究者だろうが、私たち地元の者だろうが、警戒されてしまって駄目なんです」

帳箱の存在についてさえ、もはや土地の者が堅く口を閉ざしているというのだから、宮本常一以降に対馬を訪れた研究者たちが、いかに島民たちから強い不信感を買ったかがうかがい知れた。

それでも、館長はいくつかの帳箱を見たことはあると言う。

「箱といっても、かたちはいろいろですよ。これくらいの大きさのものもあれば……」

そう言って、手を広げてみれば、肩幅よりもちょっと大きめの、ちょうど和服をしまう箪笥《たんす》幅のようなものだった。

そうした箱に古いものからすべて入っているものもあれば、ところどころ中間が抜けているものもあったという。

大きさも、しまわれ方もさまざまなのだと、館長は説明した。しかしいまとなっては、対馬の人間でさえ見ることなく一生を終えるという帳箱はこの先も容易には、眼前にその姿を現すことはなさそうだった。

青海の人が「もごうや」と呼ぶ石組みの倉庫「藻小屋」。それは海からの来襲に備え、集落を守る城壁のようにも見えた

青海の里を眼下に一望できる場所で車を停め、入江に面した集落を見納めたとき、海岸沿いに、地元の人々が「もごうや」と発音する、石で組んだ丈の低い独特の倉庫「藻小屋」の屋根が並んでいるのが見え、思わず息を呑んだ。

それは、代々、漁具や海産物をしまっておくための倉庫であると伝えられるが、しかし、青海の里と呼ばれる小さな入江の集落を山から護るためではなく、海から護るためのもののように見えた。

本来、大切な倉庫類であれば、潮に曝され、波にさらわれる危険がある、海にもっとも近いところに建てるのは不思議に思える。海辺に幾重にも並ぶ、人の住まない石組みの軒は、まるで集落という本丸を護る、見張り所であり、そして城壁であるようにも見えた。

そして、さらにその西の浜辺、韓国側を南へと下った樫根の集落には、対馬でもその地域にしか見られないと伝わる石屋根の文化があり、現在もいくつか存在している。

その風景は、ヴァイキングの襲来時に機能したと伝えられる。遥か遠く、アイルランドの石の建造物と重なった。

いくたびも異国からの襲来と上陸に曝された浜に石の文化が伝わるのは、偶然とは思えなかった。対馬の浜をつなぐ海の道は、石文化の道でもあった。

対馬　厳原—樫根—青海

元寇の道

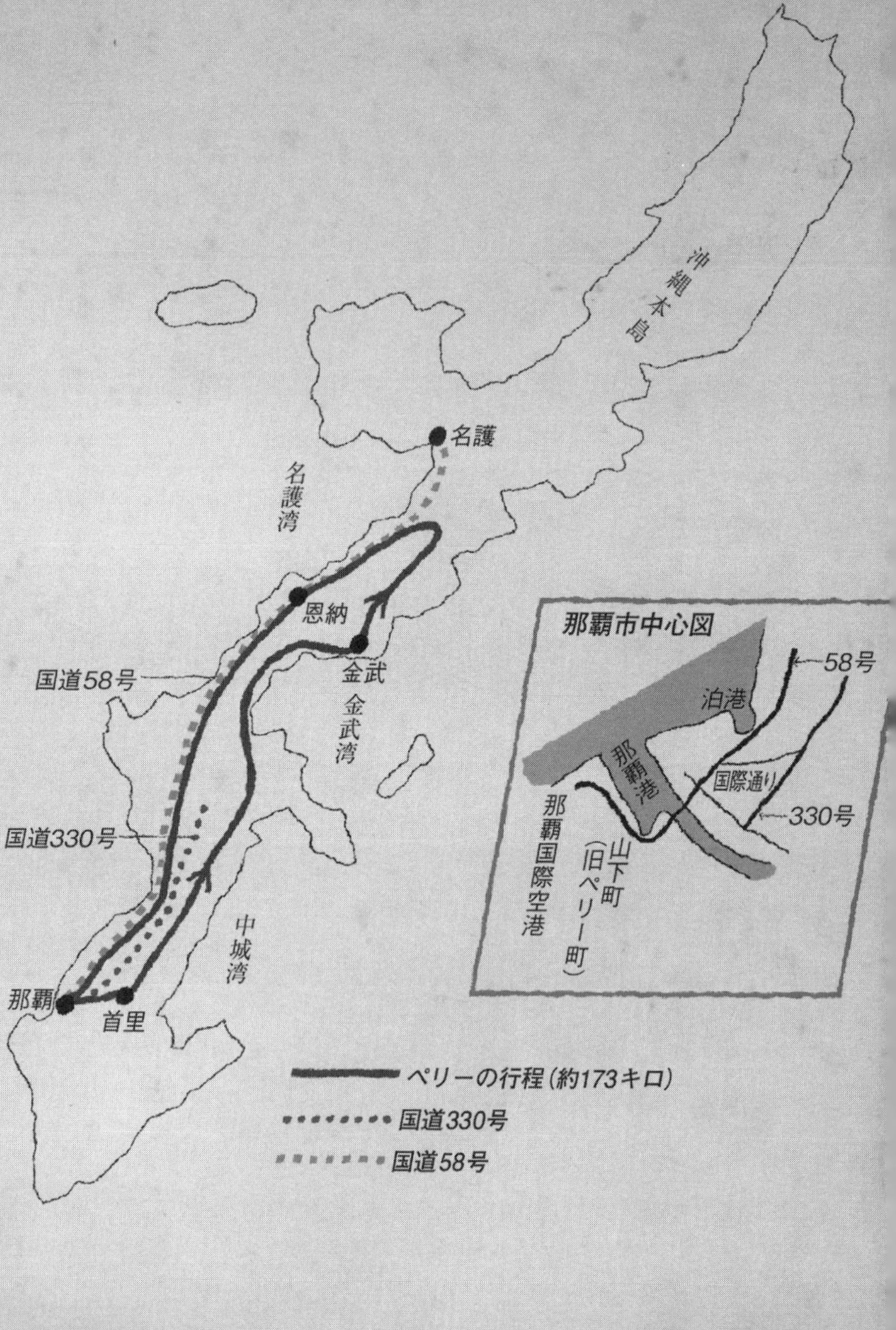

沖縄本島
名護
名護湾
恩納
金武
金武湾
国道58号
国道330号
中城湾
那覇
首里
那覇市中心図
58号
泊港
那覇港
国際通り
330号
那覇国際空港
山下町（旧ペリー町）
ペリーの行程（約173キロ）
国道330号
国道58号

カリフォルニア州パロアルト
—沖縄・国道58号

ペリーの道

カリフォルニア州パロアルト——。キャビネットは、密やかにその地に眠っている。背丈ほどの高さはない、深緑色の小ぶりなキャビネットには、第二次世界大戦中、米軍が沖縄上陸に当たっての〝バイブル〟とした「民政ハンドブック」の原資料が納められている。

数万枚を優に数えるデータカードは、六〇年を超える歳月を感じさせる傷みが見えるものの、指に馴染む紙質の状態は悪くない。風土から人間性まで、沖縄についてのあらゆることを網羅した民俗学の一大データだ。カード類の多くには、一九四五年の終戦から遡ること九二年前に沖縄を訪れた、日本史上馴染み深いある人物の名が記されている。その名はマシュー・C・ペリーという。

パロアルトは、世界屈指の教育力と研究陣容を誇るスタンフォード大学を擁する街でもある。そのスタンフォード大の一角に、フーヴァー研究所がある。スタンフォード大に学び米国の第三一代大統領となったハーバート・フーヴァーが、大統領退任後に平和研究利用のために自身の名前を冠した研究所を設立したのだ。

フーヴァー研究所には世界中から研究者が集まり、日々、多くの史料をひもとくが、専門の司書でさえ史料目録からはアクセスできない貴重な〝簿外史料〟のいくつかが、地下の史料修復室の一角に残されている。

フーヴァー研究所（カリフォルニア州パロアルト スタンフォード大学内）

緑のキャビネットもそこに置かれている。キャビネットの中には、沖縄の男女の勤労意識の差についてのメモから、地理はむろんのこと風俗、風土、まさにありとあらゆることが分類され、整理されたデータカードが納められている。実に細かな観察に基づいたデータである。たとえば、次のようなものがある。
「下層階級の女性がとてもよく働くのに対し、その間、彼女の夫は、喫煙と飲酒に時間を費やしている」
「働いているのは、男より女性のほうがずっと多いことに気づくだろう。道で出会うのは、どの男よりも、もっと負担を背負った何倍もの女性たちの姿である」

フーヴァー研究所の書庫棟

そうした日常生活に及ぶありとあらゆる情報をデータカードとして分類し、上陸に際し、さらに占領後の統治に役立てようと研究していた。

スタンフォード大のフーヴァー研究所は第二次世界大戦中から戦後にかけて、米軍の沖縄上陸のための民政専門官を養成していた。一九四六年八月三〇日、元大統領フーヴァーは、一五〇人の卒業生を送り出すとき、自ら演台に立つ。

「……ただ、この一瞬に、一点だけ、私の中に懸念があるとすれば、一九四一年来、この環太平洋の島々を受け入れる中で、それが米国の防衛に役立っているかどうかである。

つまりそれは、空からの軍事的脅威が増す中で、太平洋の島々を維持し続けることが、どう、米国民の安全保障に貢献できるのかを意味している。

それこそが、諸君らに与えられた任務である。

諸君らはもちろん、そこで数多くの原住民と接することになる。

我々はそこに文明化の手法を持ち込み、彼らを文明化させなくてはならないのだ。そして、それこそ、諸君らがなすべき任務である。

これらの島々を保有し続けることは、帝国主義の延長では決してない。なぜならば、我々はそこに、搾取するべき経済的基盤を一切持っていないからだ。

実際、我々が基地を有する島々には経済的価値はない。

そして、我々がなしていることは、単に我々自身の防衛だけではなく、世界全体の防衛であることを忘れてはならない。

諸君らが任務をまっとうしていく中で、諸君らは太平洋において直面したことのない経験を得ていることだろう。だが、忘れないでほしい。

平和のためにのみそうした経験を活かすことこそ、米国の歴史においてかつてないものを築くことができるのである。」(訳出筆者。NARA　RG313-34-7)

ちょうどその時期、米国はハワイから西のカロライナ諸島、マリアナ諸島、そしてもちろん、沖縄から日本本土に軍政を敷き、統治と復興とに取り組んでいた。

フーヴァー演説の原稿は、ワシントンDC郊外のメリーランドにある国立公文書館新館(NARA)に保管されている。

太平洋諸島での海軍の作戦記録の中にまるで紛れ込んだかのように、サイパンやテニアンなど、あるいは沖縄からの週報、月報の中に、一枚紙で納められていた。

終戦から一年後にようやく一五〇人の専門士官が送り出されることになるが、それ以前、米国は通訳の確保だけでなく、上陸によって軍事作戦から統治に突如切り替わる、その発想の転換に苦労していた。

緑のキャビネットに納められた「民政ハンドブック」の原資料群もまた、フーヴァー研究所での民政専門官の教育に役立てられた。だとすれば、およそ一世紀前のペリーの〝風土記〟こそが、米軍上陸と統治の礎となったのである。

つまり米軍による沖縄統治の道は「ペリーの道」につながっている。ペリーは浦賀に入る前に、すでに沖縄の地を踏み、さらに先んじて当時の台湾を訪れていた。ペリーは米本土から浦賀へと直線的に来たわけではなく、台湾、そして沖縄を訪れ、資源調査を行っていたのだ。

水、薪、食料に加え、当時の戦略物資であった石炭の埋蔵量、そして質の調査をも行う、そうした資源調査団としての役割を担っていた。さらに来航の折、江戸幕府との交渉に先立ち、琉球王国国王であった尚泰《しょうたい》との交渉で、琉米修好条約を締結している。

ペリーは結局、日本へは六度寄港し、それをもとに、『日本遠征記』をまとめている。

それによればペリーは、現在は那覇の市民が楽しむビーチがある波之上の護国寺を出発し、首里城を経て沖縄本島を北上。金武《きん》に達したところで島を東西に横断して西の恩納《おんな》へと抜け、その後、現在の国道五八号線を南下し、再び那覇に戻るルートを辿った。

国道五八号線はそれから一世紀後には軍用道路一号線と呼ばれ、ときにトレーラーに載せられた米軍の航空機までもが南北を行き来する、まさに沖縄島の人間と物資の大動脈となる。

緑のキャビネットに納められた「民政ハンドブック」の原資料群

那覇から北に九〇キロはあるその道のりはさすがに徒歩では日が暮れる。自転車にまたがって意気軒昂に出発したものの、早々に後悔させられた。

泊港を発つと、那覇の市外に向かう五八号線は、すぐにアップダウンを繰り返し始める。車のアクセルペダルを踏み込むだけの操作では決して体感できない。

その島は決して急峻ではなく、しかし、長く永く緩やかに上り、そして突然に激しく下ってもみせる。その繰り返しだからこそ、むしろ身体にはこたえた。

朝の五時でも一八度あった外気は、いまだ春の来ない本土に比べれば十二分に暖かさを感じさせるはずだったが、これが違った。

沖縄では一八度でも寒いのだ。

五八号線の、果てしなく感じさせるなだらかな傾斜と勾配が、もはや変速機にすがるだけの脚を重くし、さらに出発して一時間もすると、寒さに顎まで鼻水が垂れてくる始末だった。あとで呑み屋の女将に聞けば、その道は自転車競技の選手たちが常々トレーニングのために走る道でもあるという。

たしかに、それらしき気配はうかがえた。陽も高くなり、ようやく恩納村に差しかかるあたりから、競輪選手のような出で立ちの者たちが、青色吐息で自転車を手押す私の横を、涙滴形のヘルメットで風を切る。不規則なブレーキランプの明滅が道のわからぬ怯えを示す観光客のレンタカーさえ、ただならぬ勢いで抜き去り、北へ向かっていく。

恩納村の海沿いから、さらに苦痛は増した。レンタカーで幾度通ろうとも感じることのできない辛さだった。海からすさまじい風が吹きつけ、そしてやむことがないのだ。

風は不思議と、目指す北から向かい風となって、絶え間なく顔をゆがませた。この五八号線沿いの風の強さは戦前から変わらないというから、おそらくペリー一行もまた、同じ風を受けたに違いない。

私はときに突風のごとくに正面から吹きつける風と寒さに身を固くしながら、この道を第二次大戦中、沖縄島の人々が一度ならず、疎開のために、南北往復のために利用したのだという話をも思い出していた。

頭の上だけでなく、両手にも家財を抱えて、人々は海岸沿いのこの道を、ひたすらに疎開地となった北へ北へと向かったのだった。

道はまるで、海と並走するかのように、岸とぴったりとくっつき、風をさえぎる木々は激しくかしいでいる。

ついにはサドルにまたがる尻さえ痛みを感じ始め、やむなくサドルの上に置いたタオルの感覚さえなくなりつつあった身体を、意思とは無縁に動かし続け、もはや力がこもっているのかさえわからぬ脚に力を込めた。徒歩とて、この道は厳しい。そう思える。

海からの風もまた、ただ頬をかすめていくだけ、身体を片側から押していくだけではない。浜からすぐに山としてせり上がってしまう地形ゆえか、ぶつかった風が行き場を失い、再び、陸側からも戻ってくるように感じるのだ。そして、海上から一直線に突っ込んでくる風に当たり、わずかな平地で渦を巻く。その渦の中を進むことになるから、沖縄の道は、意外なほどに厳しい。

そして、第二次大戦によって住民らの疎開の道となったそこは、まさしく地獄の道程となる。

一九四四年（昭和一九年）の秋、那覇市内を未曾有の大空襲が襲う。終戦前夜の、いわゆる「一〇・一〇空襲」だ。この空襲を潮に、那覇を含めた沖縄南部の住民は、一斉に北部のヤンバルへと集団疎開を開始した。

那覇・山下町の宮里真一もまた、疎開の引率者として、町内の古い衆を連れて向かった。道はやはり、中部までは島の西寄り、現在の国道三三〇号を歩き美里を抜け、恩納へと東西に山越えして横切り、そこから五八号線を北上するルートだった。

そこを〝女〟ばかりの行列が通ることになる。宮里が当時を思い起こす。

「自分は母親の着物に着替えておりましたですね。みんな、それぱっかし（女の着物）着とるわけですよ」

男衆もみな、女性の着物を着て移動したのだが、これは敵から見つかったときに、兵隊だと間違われて攻撃されることを避けるためでもあった。疎開民であるとしても、上空の米軍機から見れば、兵隊と住民との明白な区別をつけることは難しい。日本兵が住民を装ってゲリラ攻撃をしかけてくるという発想もすでにある。

それゆえに、決して男と判別されないよう、疎開避難は女装による一団となった。

歩くのが難しい者や荷物は荷馬車に乗せて、行けるところまで行く。

「当時は那覇から名護までバスなんかでも四時間もかかったんですよ。なにしろ道は舗装されておりませんから、はい。いまは、山も川も削られて、まっすぐになってですね、なんちゅういいますかね、いまとは違いますよ。いまは五八号線はたぶん三倍か四倍ぐらいに拡張されておりますが、あの当時はようやく、木炭バス二台がすれ違うぐらいの幅しかありませんでしたからね。そして、拡張してまっすぐな道にしたもんですからね」

そうして、町を挙げて疎開している最中でも、不思議に噂は耳に届く。

米軍上陸直後の記憶を語る宮里夫妻

「大きな荷物なんか、置いていった荷物なんかは全部、もう泥棒が横行してですね。もうー、たいへんだっちゅうことですね」

宮里は、ヤンバルの疎開先に着いたあと、空襲で空き家となった家々ばかりを狙う泥棒の話を聞くと、いてもたってもいられず、妻と子を残し、一人再び来た道を那覇へと

いまはのどかな田園風景だが、米軍上陸後、写真のヤンバル・羽地一帯には、戦乱を生き延びた沖縄の人々の収容所が造られた

取って返したのだった。そんなときでも、空から米軍機に襲われることはたびたびだった。

「パンパンパンパンって機銃の音が聞こえるとすぐにそばのサトウキビ畑に避難して、また音がしなくなったら、みんな出てきて……」

　かつてペリーが歩いたその道は第二次大戦によって疎開の道となり、そして機銃掃射に曝《さら》される道となったのである。

「逃げるのは、夜ですよ。昼は見つかるから。夜になると山から出てきて歩いて。とにかく昼は敵機に見つかるので危ないからってことで。晩の六時くらいになると歩き出すんです。で、朝はまた六時くらいからパンパンパンパンと、空をずーっと敵機が回ってるんですよ。だから、もう昼間はずーっと隠れていなくちゃならなかった」

　歩く人の数も半端ではない。なにしろ、島でもっとも人口の多い、那覇をはじめ南部の人間が一斉に五八号線を目指し歩いているのだ。未舗装の道は、闇の訪れとともに、避難

米兵が写した収容所内の沖縄の人々。笑顔に見えるが、地元の人は「笑顔ではない。戸惑いの作り笑いだ」と言う（NPO法人琉米歴史研究会提供）

する人、疎開する人の海となった。

「もー、ぞろぞろ、ぞろぞろで。みんな北に向かって」

一〇・一〇空襲を経て、那覇の人々のあいだには、いつ米軍が上陸してくるのかという焦燥感も生まれている。

宮里が引率を任されたのは、女性や子供、そして年配の者を中心に三五人ほどだったが、一人が歩けなくなった。

宮里の妻マサ子が、どうしても悔いが残ったという風情で言葉を挟む。

「せっちゃん……」

真一にも心当たりがあった。

「あ、一緒のばあ……ばあさん、途中で……」

「せっちゃんよ」

マサ子が念を押すように重ねた。

真一も思い出したようだった。

「途中で歩けないいっつってね」

「うん」

「預けたのどこだった？」

「恩納村……」

「恩納か……」

「うん、恩納村に預けたんだよ。あとで、おばあさんの親戚の人がさ、コツ（骨）はどこにありますかって聞きに来ていたさ」

マサ子はよほどその老婆を残していったことが記憶に残っていたのだろう。

それは、真一の町内でももっとも年老いた老婆の一人で、ノロだった。

集落の祀《まつ》りごとを仕切るノロは集落にとっても大事な人間である。

懇願されたとて残していくわけにはいかなかった。

ただでさえ、戦中は呪術を扱うとされる女性を魔女狩り同然に弾圧する「ノロ狩り」までが行われ、一人残せばどうなるかはわからなかった。

だが、那覇から一〇〇キロ近くを老婆が歩いて移動するのは、そもそも無理だったのかもしれない。

「……年配の人なんて、とても歩ききれなくてね……」

同じ女であればこそ、マサ子は老婆を置いてきたことが心に残っていた。

真一も沈鬱な表情を浮かべた。

「あんときはもう……涙だったよってですね……」

そして真一とマサ子は長い沈黙に入った。

戦争が終わり、避難民収容所から皆が町内に戻ってくることになっても、その老婆はついに戻ってはこなかった。

宮里夫婦が住む、那覇市山下町一帯は、第二次大戦終戦後の一時期、米軍によって、ペリー町と町名が変更されたことがある。その名残であろう、あたりを歩けば、食品店から美容室、あるいは医院に至るまで、ペリーと名のつくものが散見できる。

だが、ヤンバルへの涙の道のりを思えば、町名が元の山下町に戻されたのも、また当然の流れであった。

沖縄の道はどこを歩いても悲劇と惨劇に導かれてしまうが、それとて声高に語られることは決して多くはない。

次の言葉こそ、偽りのない素直なものであろう。

「ひどかったときのことは、あまり子供たちにも、話はしてないんですよ。なかなかできないですね。母親なんかも、戦争の話は怖いって。みーんな経験者だから」

砲弾に当たらずして命を落とした乳飲み子も多かったという。

「口ふさいで亡くなったとか……」

妻のマサ子が小さく呟き、真一が言葉を継いだ。

「もうしょうがないから……みんなの命だよーって言われてやったっていう人もいるし、それはもう、さまざまですよね……自分たちの仲間にはいなかったけど……」

米軍上陸後、山中へと逃げた沖縄の人々は、米兵による山刈りや掃討のあいだ、ガマと呼ばれる大小の穴で見つからないようにと息をひそめる。

見つかれば必ず殺されると信じていた時代であった。

乳飲み子を抱えた者には辛い瞬間だったのだろう。皆がひっそりと身を潜めている穴で乳飲み子が泣けば、それを機に見つかってしまうかもしれない。

「みんなの命だよー」

その言葉にこらえきれなくなったとき、親たちは我が子の口をふさいだのであった。二度とその口が開くことがないように。

沖縄の人々にとっての辛さとは、戦争を経験したことに加えての、こうした心理的なしこりから決して逃れられない点にもあろう。

自分を含め多くの命を救うために、ときに赤子を殺《あや》め、あるいは促し、そして救われるべき人々を見捨ててきもしただろう。

そんな体験が、沖縄の戦争体験者にとっての戦時下の日常であったのだ。それは個人的な体験であればあるだけ、平和のスローガンのように容易に言葉には出せないものであるのかもしれない。

やはり、沖縄のある者が話す。

「私の女房はね、一九四五年一月一七日の生まれで、壕の中で生まれてるんですけど。ところが、生まれたばっかりの赤ちゃんで乳飲み子なんだけど、泣くと声が出るでしょ。すると敵に場所を知らせることになるというんで そこで首を絞めて殺せっていうことで、あちこちから

沖縄上陸の指揮官だったサイモン・B・バックナー中将が撮影した沖縄の少年(NPO法人琉米歴史研究会提供)。撮影者バックナーはこのあと沖縄で戦死した

「ペルリ提督上陸之地」碑（那覇・泊港）

非難ごうごうだったそうですがね。女房のおばあちゃんが一緒だったんで、この子を死なすくらいなら、私を殺してから殺せっていうことで。女房のお姉さんたちがこの話を聞かせるんですけどね。当時、殺された子供たちはずいぶんいると思いますよ。やっぱり、みんな、隠したがるんですよね、そういう経験は」

すでに九〇歳を超えたこの者の母は、以来、戦争の話を語ることは一度としてなかったという。戦争の番組はいわずもがな、戦時中の様子が映っても、「怖いから」とテレビを消してしまうほどだった。

那覇・泊港に面した外人墓地に、ペリー来航の碑はある。

戦後一時期、米軍によってペリー町と呼ばれた那覇市山下町

「ペルリ提督上陸之地」と記されたそこにある日付は一八五三年六月六日。日付は、ペリーが浦賀来航前に沖縄を訪れていたことを裏づけている。

沖縄・那覇一番の祭りといえば、毎年五月に行われる「那覇ハーリー」だ。爬竜船《はりゅうせん》と呼ばれる竜を模した大陸風味の強いボートでスピードを競う祭りだが、観光客だけでなく、地元の人々も応援に結集する、那覇にとどまらない沖縄随一の祭りであるともいっていい。

会場となる那覇港に向かって、期間中、外人墓地の前は人の波が途絶えることなく、花火大会さながらの人出で路上は賑わう。

その人波をペリーの碑は静かに見守っている。だが、振り向く者はいない。いま、沖縄ではペリーが来航した泊港をはじめ、その足跡と道が観光向けにさえ大きく語られることはないのだ。そこもまた、忘れられゆく道の一つである。

長崎からの便りが届くと、もう一度、もう一歩と、聞こえてくる言葉の彼方にある風景を見ようという気力が湧いてくるようになりました。いつも温かい励ましの言葉と、四季折々の情景を届けてくださる大和裕子氏に、感謝を込めて、本書を贈ります。

装　幀――Malpu Design（清水良洋）
本文デザイン――Malpu Design（佐野佳子）
文中写真――七尾和晃

七尾和晃 ななお・かずあき

1974年生まれ。石川県金沢市出身。忘れられてゆく近代史の現場に赴き、「訊くのではなく聞こえる瞬間を待つ」姿勢で踏査ノンフィクションにまとめる手法は、アカデミズムの新しいアプローチとして海外でも注目され、また国内では戦後世代の「民間学」の担い手としても評価が高い。海外と日本を往来しながら息の長い学際的なフィールドワークを続けている。著書に『堤義明　闇の帝国』(光文社)、『銀座の怪人』(講談社)、『総理の乳母』(創言社)、『闇市の帝王』(草思社)、『炭鉱太郎がきた道』(草思社)、『沖縄戦と民間人収容所』(原書房)、『原発官僚』(草思社)など。

「幻の街道」をゆく

2012年 7月 2日　第1刷発行

著　者――七尾和晃
発行者――原田邦彦
発行所――東海教育研究所
〒160-0023　東京都新宿区西新宿7-4-3　升本ビル
[電話]03-3227-3700 [FAX]03-3227-3701　eigyo@tokaiedu.co.jp

発売所――東海大学出版会
〒257-0003　神奈川県秦野市南矢名3-10-35　東海大学同窓会館内
[電話]0463-79-3921

Printed in Japan
印刷・製本――平河工業社

定価はカバーに表示してあります

ISBN 978-4-486-03744-6 C0021

東北魂

ぼくの震災救援取材日記

山川　徹 著　四六判　296 頁　定価 1,890 円（税込）

ISBN　978-4-486-03742-2

東北で生まれ育ち、歩き続けてきた著者が、3・11 からの 10 カ月間に体験した出会いと別れ。元ラガーマンや捕鯨船員、泣き虫和尚、地方出版社荒蝦夷の人々……。大震災発生から 1 年を迎える東北の姿を描く人間ドキュメント。これからへの思いと鎮魂の記録。

反欲望の時代へ

大震災の惨禍を越えて

山折哲雄×赤坂憲雄 著　四六判　304 頁　定価 1,995 円（税込）

ISBN　978-4-486-03720-0

地震と津波、そして原発……。災厄の日々から、来るべき時代はどう展望出来るのか。深く広い対話に第二部として寺田寅彦、宮沢賢治らの作品を加えた「歩み直し」のための必読書！

大東京 ぐるぐる自転車

銀輪ノ翁、東都徘徊ス

伊藤　礼 著　四六判　296 頁　定価 1,680 円（税込）

ISBN　978-4-486-03719-4

銀輪の翁、伊藤礼ワールド炸裂の痛快・極上ユーモアエッセイ。風にも負けず、日照りにも負けず、今日も自転車は出撃する。世相、民情、歴史に目を光らせての大東京巡察紀行。

ホームレス歌人のいた冬

「ホームレス歌人・公田耕一」の消息を追う

三山　喬 著　四六判 272 頁　定価 1,890 円（税込）

ISBN　978-4-486-03718-7

リーマンショック後の大不況で年越しテント村が作られた２００８年末、「朝日新聞の歌壇」に、彗星のごとく現れ、約９カ月で消息を絶った「ホームレス歌人」がいた。その正体と、その後の消息を追う感動のノンフィクション。